日々おにぎり／ゆこ

なんでも
ない日の
おいしい
おにぎり

自由国民社

はじめに

自身のお昼ごはん用に1日1個おにぎりを握りはじめてから4年が経過しました。

最初はすぐにレパートリーが尽きるかなと思っていたのですが、
「この具材をおにぎりにしたらどんな味？」
「あの食材を合わせてアレンジしてみたらどうだろう？」
と、好奇心のまま握っているうち、気がつけばオリジナルレシピは500種類以上に。

混ぜて握るだけのラクチンおにぎりから、工夫を凝らした特別なおにぎりまで。
その日の気分や体調に合わせてさまざまなアレンジを楽しんでいます。

4年間には元気な日もあれば疲れ気味の日もありましたが、おにぎりを握ると心が落ち着き、食べると内から力が湧いてくるから不思議。
おにぎりには特別な何かがあるような気がしてなりません。

この本では、なにげない日常がちょっと楽しくなるような、カンタンで遊びごころが詰まったおにぎりレシピをご紹介します。
けっして無理はせず、だけど、作っても食べてもご機嫌になれる等身大のおにぎり。

ぜひ気楽な気持ちでのぞいていただけるとうれしいです。

日々おにぎり／ゆこ

なんでもない日のおいしいおにぎり もくじ

はじめに……3

★1 火も包丁も使わない、くたくたな日のおにぎり

- コーンのお茶づけおにぎり……12
- ゆかりとクルミのおにぎり……12
- 鮭フレークとブロッコリーとチーズのおにぎり……13
- 枝豆とろろこんぶのおにぎり……14
- バタピーと鮭とクリチのおにぎり……15
- こんぶ茶と梅のおにぎり……15
- 青海苔とクリームチーズのおにぎり……16
- からあげと梅のおにぎり……17
- たくあんとクルミのおにぎり……17
- まるごと大葉のたぬきおにぎり……18
- サバマヨと塩こんぶのおにぎり……19
- 梅とピスタチオのおにぎり……19
- さけるチーズと鮭のおにぎり……20
- カリカリ梅と枝豆のおにぎり……20
- のり塩チップスと塩こんぶのおにぎり……21
- 枝豆とカニカマのおにぎり……22
- 韓国海苔とちりめんのたぬきおにぎり……23
- チキンラーメンとチーズのおにぎり……23
- クルミおかかおにぎり……24
- 天かすとクリチのゆかりおにぎり……25

- カニカマとコーンのたぬきおにぎり……25
- サバ缶とチーズのおにぎり……26
- カニカマとツナマヨのおにぎり……27
- オクラとゆかりのおにぎり……27
- しば漬けとわかめのおにぎり……28
- クリームチーズとお吸いもののおにぎり……29
- さけるチーズと梅のおにぎり……29
- メンマとコーンのおにぎり……30
- しらすとオクラのおにぎり……31
- 韓国海苔と梅のたぬきおにぎり……31
- カシューナッツと鮭のおにぎり……32
- 梅とオクラのおかかおにぎり……32
- 海苔の佃煮とバターのおにぎり……33
- しば漬けととろろこんぶのおにぎり……34

- 韓国海苔のレモンたぬきおにぎり……35
- 鮭とフライドオニオンのおにぎり……35
- ブリ照りとチーズのおにぎり……36
- 梅とベビースターのおにぎり……36
- 枝豆としらすとさけるチーズのおにぎり……37
- 干しエビとクリチのたぬきおにぎり……38
- ミートボールとチーズのおにぎり……39
- 鮭フレークとクリチの枝豆おにぎり……39
- サバ缶と梅のおにぎり……40
- 塩こんぶとクリチのたぬきおにぎり……41
- 枝豆とクリチのたぬきおにぎり……41
- バタピーとしらすのおにぎり……42
- 紅しょうがとさけるチーズのおにぎり……43
- 鮭とクリチのコーンフレークおにぎり……43

★2 火と包丁は最小限、なんでもない日のおにぎり

- チーズのおかかおにぎり……44
- アーモンドとチーズのおにぎり……44
- ほうれん草とゆで卵のおにぎり……46
- ツナと卵のおにぎり……47
- 鮭マヨと大葉おにぎり……47
- 生ハムと炒り卵のおにぎり……48
- カマンベールチーズのおかかおにぎり……48
- ピーマンとウインナーのおかかおにぎり……49
- ヤンニョムちくわチーズおにぎり……50
- ブロッコリーとこんぶのおかかおにぎり……51
- ちくわとチーズのゆかりおにぎり……52
- 塩こんぶと卵とレタスのおにぎり……53
- 豚ミンチと紅しょうがのおにぎり……53
- ひろしとにんじんのおにぎり……54
- からあげと福神漬けのおにぎり……55
- 塩こんぶとクルミと大葉のおにぎり……56
- ベーコンとしめじのおにぎり……57
- 梅マヨ卵おにぎり……57
- じゃがいもベーコンおにぎり……58
- アスパラとツナマヨのおにぎり……59
- コンビーフマヨと大葉のおにぎり……60
- 塩こんぶと炒り卵のおにぎり……61
- ブロッコリーと鮭のたぬきおにぎり……61
- 炒り卵のお茶づけおにぎり……62
- 新玉ねぎと干しエビのおにぎり……62

- 大根葉っぱとしば漬けのおにぎり……63
- 生ハムとクリチと大葉のおにぎり……64
- サラダチキンとアーモンドの梅おにぎり……65
- レタスとチーズとウインナーのおにぎり……66
- サバ缶とひじきのおにぎり……66
- ちりめんと大葉とコーンのおにぎり……67
- ナスと大葉のおにぎり……68
- 鮭とカイワレと天かすのおにぎり……69
- たくあんとポテトチップスのおにぎり……70
- 小松菜とちくわとチーズのおにぎり……70
- ベーコンとチンゲン菜のおにぎり……71
- まいたけバターしょうゆおにぎり……72
- とろろこんぶとネギ卵のおにぎり……73
- カブの葉っぱとしらすの梅おにぎり……73

- うどん風おにぎり……74
- ミョウガとハムのおにぎり……75
- 白菜とツナのおにぎり……76
- たくあんのからしマヨおにぎり……77
- ちりめん山椒と卵のおにぎり……77
- ほうれん草のたぬきおにぎり……78
- 鶏そぼろと梅とオクラのおにぎり……78
- イカ天と紅しょうがのおにぎり……79
- 柿の種と炒り卵のおにぎり……80
- 水菜とクリームチーズのおにぎり……81
- ベーコンとゆで卵のおにぎり……81
- 生ハムと枝豆のおにぎり……82
- 紅しょうがとチーズのたぬきおにぎり……82
- サラダチキンとゆで卵のおにぎり……83

- さつまいもとクリームチーズのおにぎり……84
- ちりめんと大葉とチーズのおにぎり……85
- 明太子と炒り卵のおにぎり……85
- 焼き鳥缶と炒り卵のおにぎり……86
- ちくわの磯部揚げ風おにぎり……86
- しょうがの酢漬けと大葉のおにぎり……87
- カニカマとコーンのマヨ焼きおにぎり……88
- ちくわとキュウリのゆかりおにぎり……89
- えのきとベーコンのおにぎり……89
- なめ茸と炒り卵のおにぎり……90
- しいたけと梅のおにぎり……90
- 大葉のしょうゆ漬けおにぎり……91
- 節分の豆とちりめんじゃこのおにぎり……92
- 水菜とそぼろのおにぎり……93

- 紅しょうがと大葉のたぬきおにぎり……93
- ベーコンのおかかおにぎり……94
- わかめとたくあんのおにぎり……94
- サバマヨとキュウリのおにぎり……95
- ひろしとじゃこと卵のおにぎり……96
- たらことかぶき揚げのおにぎり……97
- いぶりがっこのツナマヨおにぎり……97
- たくあんとちりめんと大葉のおにぎり……98
- にんじんと鮭フレークのおにぎり……99
- 韓国海苔と小松菜のおにぎり……100
- レタスとちりめんじゃこのおにぎり……101
- ベーコンと卵とかつお節のおにぎり……101
- 肉味噌とコーンのおにぎり……102
- ミニトマトと卵のおにぎり……103

- チュモッパ風アレンジおにぎり……104

いつもよりひと手間、ちょっと特別な日のおにぎり

- 油揚げとコーンとミョウガのおにぎり……106
- 豚肉とキャベツのおにぎり……107
- 豆腐とチーズの焼きおにぎり……107
- 山芋とろろの焼きおにぎり……108
- たけのことベーコンのおかかおにぎり……108
- 大根葉っぱと梅のおにぎり……109
- ひじきとツナとコーンのおにぎり……110
- 焼きおにぎりのおろし添え……111
- 小松菜とちりめんと揚げ玉のおにぎり……111
- さつまいもとそぼろのおにぎり……112
- 春菊とツナマヨのおにぎり……113
- しょうがのおかかおにぎり……113
- 新玉ねぎとツナのおにぎり……114
- ピーマンと鶏そぼろのおにぎり……115
- チキンカレー風おにぎり……116
- カリカリえのきと大葉のおにぎり……117
- 菜の花と鮭とチーズのおにぎり……117
- しょうがと鶏そぼろのおにぎり……118
- れんこんきんぴらとチーズのおにぎり……119
- しょうが焼きおにぎり……119

さくいん……120

おわりに……127

レシピのきまりごと

- ご飯の量は茶碗1杯分（150g）を基準としていますが、レシピによっては多く炊いて必要な分だけ使うものもあります。
- プロセスチーズは1個13.5g、クリームチーズは1個16.3gのものを使用しています。
- めんつゆは3倍濃縮タイプをそのまま使用しています。
- 電子レンジでの加熱は500Wが基本です。機種によって加熱具合に差があるため、食材の様子を見ながらお持ちのレンジに合わせて調節してください。
- バターは有塩バターを使用しています。
- 使用しているツナ缶は水煮タイプです。
- 梅干しや鮭など、商品によっては塩分量が異なる場合がございますので、調味料等で調節してください。
- 食材を洗う、皮をむくなど、基本的な工程は省略している場合がございます。
- コーンや枝豆などは基本的に冷凍のものを使用していますが、お好みに合わせて生のものをご使用ください。
- 焼き鮭やからあげなどはのこったおかずや冷凍食品の利用を想定し、火を使わないとしている場合もございます。
- 具材の分量はあくまで目安です。お好みやご家庭にある材料に合わせて、自由にご調整ください。

Part 1

火 も 包丁 も 使わない、

くたくたな日の

おにぎり

コーンのお茶づけおにぎり

材料
・ご飯…茶碗1杯分（150g）
・永谷園「お茶づけ海苔」…1／2袋
・冷凍コーン…大さじ1
・バター…ひとかけ

作り方
①冷凍コーンを解凍する
②ご飯にすべての具材を混ぜ合わせておにぎりにする

バターを混ぜてコクがヤバ！

★1

ゆかりとクルミのおにぎり

香ばしいナッツの風味をプラス

材料
・ご飯…茶碗1杯分（150g）
・三島食品「ゆかり®」…小さじ1
・クルミ（無塩）…6〜7粒

作り方
①クルミ（無塩）はお好みで軽く砕く
②ご飯にすべての具材を混ぜ合わせておにぎりにする

見た目からも元気になれる

鮭フレークとブロッコリーとチーズのおにぎり

材料
- ご飯…茶碗1杯分（150g）
- 鮭フレーク…大さじ1
- 冷凍ブロッコリー…10g
- プロセスチーズ…1個

作り方
①冷凍ブロッコリーを解凍して食べやすいサイズにし、プロセスチーズは1cm角にちぎる
②ご飯にすべての具材を混ぜ合わせておにぎりにする

枝豆とろろこんぶのおにぎり

材料
- ご飯…茶碗1杯分（150g）
- 冷凍枝豆…大さじ1／2
- とろろこんぶ…ひとつまみ
- 塩…少々

作り方
① 冷凍枝豆を解凍する
② ご飯にすべての具材を混ぜ合わせておにぎりにする

2つの具材でどこまでも美味

バタピーと鮭とクリチのおにぎり

材料
- ご飯…茶碗1杯分（150g）
- 鮭フレーク…大さじ1
- バターピーナッツ…大さじ1／2
- クリームチーズ…1個

作り方
① クリームチーズは1cm角にちぎる
② ご飯にすべての具材を混ぜ合わせておにぎりにする

この組み合わせ神かも…

こんぶ茶と梅のおにぎり

材料
- ご飯…茶碗1杯分（150g）
- こんぶ茶…小さじ1／2
- 梅干し…1個

作り方
① 梅干しは種を取り除いてほぐす
② ご飯にすべての具材を混ぜ合わせておにぎりにする

疲れたカラダにしみる旨さ

少ない材料なのに贅沢な味

青海苔とクリームチーズのおにぎり

材料
- ご飯…茶碗1杯分(150g)
- 青海苔…小さじ1
- クリームチーズ…1個
- ごま油…小さじ1/2
- 塩…少々

作り方
① クリームチーズは1cm角にちぎる
② ご飯にすべての具材を混ぜ合わせておにぎりにする

ボリューム大でおかずいらず

からあげと梅のおにぎり

材料
- ご飯…茶碗1杯分（150g）
- からあげ…1個
- 梅干し…1個

作り方
① からあげを食べやすいサイズにほぐす
② 梅干しは種を取り除いてほぐす
③ ご飯にすべての具材を混ぜ合わせておにぎりにする

★1

ひと口食べておどろく新食感

たくあんとクルミのおにぎり

材料
- ご飯…茶碗1杯分（150g）
- たくあん（千切りタイプ）…大さじ1
- クルミ（無塩）…6〜7粒

作り方
① クルミ（無塩）は手で小さく砕く
② ご飯にすべての具材を混ぜ合わせておにぎりにする

まるごと大葉のたぬきおにぎり

爽やかな素材をそのまま贅沢に

★1

材料
- ご飯…茶碗1杯分（150g）
- 大葉…1枚
- 白ごま…大さじ1／2
- 天かす…大さじ2
- めんつゆ（3倍濃縮）…小さじ1／2

作り方
①天かすにめんつゆをかける
②ご飯に①と白ごまを混ぜ合わせる
③②をおにぎりにし、大葉を巻いてさらに握ってできあがり

お弁当の材料でラクうま

サバマヨと塩こんぶのおにぎり

材料
- ご飯…茶碗 1 杯分（150g）
- 焼きサバ…1 切れ（60g）
- マヨネーズ…小さじ 1／2
- 塩こんぶ…大さじ 1

作り方
① 焼きサバは皮と骨を取り除き、身をほぐしてマヨネーズで和える
② ご飯にすべての具材を混ぜ合わせておにぎりにする

★1

いつもの梅おにぎりが変身

梅とピスタチオのおにぎり

材料
- ご飯…茶碗 1 杯分（150g）
- 梅干し…1 粒
- ピスタチオ…5 粒

作り方
① ピスタチオは細かく砕き、梅干しは種を取り除いてほぐす
② ご飯にすべての具材を混ぜ合わせておにぎりにする

さけるチーズと鮭のおにぎり

材料
- ご飯…茶碗1杯分（150g）
- 雪印メグミルク「雪印北海道100 さけるチーズ」…1／4本
- 焼き鮭…1切れ（60g）

作り方
① さけるチーズはできるだけ細くさき、焼き鮭は皮と骨を取り除いて身をほぐす
② ご飯にすべての具材を混ぜ合わせておにぎりにする

たっぷりチーズで食感UP

カリカリ梅と枝豆のおにぎり

材料
- ご飯…茶碗1杯分（150g）
- 三島の「うめこ®」…小さじ1
- 冷凍枝豆…大さじ1／2

作り方
① 冷凍枝豆を解凍する
② ご飯にすべての具材を混ぜ合わせておにぎりにする

子どもと一緒に作れる

のり塩チップスと塩こんぶのおにぎり

おどろくほど風味がいい

★1

材料
- ご飯…茶碗1杯分（150g）
- ポテトチップス（のり塩）…6〜7枚
- 塩こんぶ…大さじ1

作り方
① ポテトチップスを細かく砕く
② ご飯にすべての具材を混ぜて合わせておにぎりにする

枝豆とカニカマのおにぎり

混ぜるだけで彩り映える

材料
- ご飯…茶碗1杯分(150g)
- カニカマ…2本
- 冷凍枝豆…大さじ1／2
- すりごま…大さじ1／2

作り方
①冷凍枝豆を解凍し、カニカマをほぐす
②ご飯にすべての具材を混ぜ合わせておにぎりにする

韓国海苔とちりめんのたぬきおにぎり

ラクなのに至高のおいしさ

材料
- ご飯…茶碗1杯分（150g）
- 韓国海苔…1枚
- ちりめんじゃこ…大さじ1
- 天かす…大さじ2
- めんつゆ（3倍濃縮）…小さじ1／2

作り方
① 天かすにめんつゆをかけ、韓国海苔は手で小さくちぎる
② ご飯にすべての具材を混ぜ合わせておにぎりにする

★1

チキンラーメンとチーズのおにぎり

これ旨！最強ずぼらメニュー

材料
- ご飯…茶碗1杯分（150g）
- 日清食品「チキンラーメン」…1／4袋
- プロセスチーズ…1個

作り方
① プロセスチーズは1cm角にちぎり、チキンラーメンは袋の上から軽く砕く
② ご飯にすべての具材を混ぜ合わせておにぎりにする

クルミおかかおにぎり

新定番にしたい組み合わせ

材料
- ご飯…茶碗1杯分（150g）
- かつお節…小分けサイズ1パック
- クルミ（無塩）…6〜7粒
- 白ごま…大さじ1／2
- しょうゆ…小さじ1／2

作り方
①クルミ（無塩）を軽く砕く
②①にかつお節、白ごま、しょうゆを混ぜ合わせる
③ご飯に②を混ぜ合わせておにぎりにする

天かすとクリチの ゆかりおにぎり

朝からさっぱり食べられる

材料
- ご飯…茶碗1杯分（150g）
- 三島食品「ゆかり®」…適量
- クリームチーズ…1個
- 天かす…大さじ2

作り方
① クリームチーズは1cm角にちぎる
② ご飯にすべての具材を混ぜ合わせておにぎりにする

★1

カニカマとコーンの たぬきおにぎり

まろやかな隠し味がポイント

材料
- ご飯…茶碗1杯分（150g）
- カニカマ…1本
- 冷凍コーン…大さじ1
- 天かす…大さじ2
- めんつゆ（3倍濃縮）…小さじ1／2
- マヨネーズ…小さじ1／2

作り方
① 冷凍コーンを解凍し、カニカマをほぐす
② 天かすにめんつゆをかけておく
③ ご飯にすべての具材を混ぜ合わせておにぎりにする

調理不要!ラクチンに魚を味わう

サバ缶とチーズのおにぎり

材料
- ご飯…茶碗1杯分（150g）
- サバ味噌煮缶…1／2缶
- プロセスチーズ…1個
- 白ごま…大さじ1／2

作り方
① プロセスチーズは1cm角にちぎり、サバ味噌煮缶は汁気を切る
② ご飯にすべての具材を混ぜ合わせておにぎりにする

海鮮食べたい気分を満たす

材料
- ご飯…茶碗1杯分（150g）
- カニカマ…1本
- ツナ…1／2缶
- マヨネーズ…小さじ1／2
- 白ごま…大さじ1／2

作り方
① カニカマは細くほぐし、ツナは汁気を切ってマヨネーズで和える
② ご飯にすべての具材を混ぜ合わせておにぎりにする

カニカマとツナマヨのおにぎり

★1

オクラとゆかりのおにぎり
時間がないときにはこれ

材料
- ご飯…茶碗1杯分（150g）
- 三島食品「ゆかり®」…小さじ1
- 冷凍オクラ（スライス）…大さじ1

作り方
① 冷凍オクラを解凍する
② ご飯にすべての具材を混ぜ合わせておにぎりにする

しば漬けとわかめのおにぎり

材料
- ご飯…茶碗1杯分（150g）
- しば漬け…大さじ1
- 三島食品「炊き込みわかめ」…小さじ1
- 白ごま…大さじ1/2

作り方
① ご飯にすべての具材を混ぜ合わせておにぎりにする

素朴な味にほっとできる

クリームチーズと
お吸いもののおにぎり

材料
- ご飯…茶碗1杯分（150g）
- 永谷園「松茸の味お吸いもの」…1／2袋
- クリームチーズ…1個

作り方
① 永谷園「松茸の味お吸いもの」をご飯に混ぜる
② クリームチーズをちぎって加え、全体を混ぜ合わせておにぎりにする

大人の味わいを手軽に満喫

★1

意外に使えるおつまみの定番

さけるチーズと
梅のおにぎり

材料
- ご飯…茶碗1杯分（150g）
- 雪印メグミルク「雪印北海道100 さけるチーズ」…1／4本
- 梅干し…1個

作り方
① 梅干しは種を取り除いてほぐし、さけるチーズは細かくさく
② ご飯にすべての具材を混ぜ合わせておにぎりにする

メンマとコーンのおにぎり
コリコリ食感でご飯がすすむ

材 料
- ご飯…茶碗1杯分（150g）
- メンマ…10g
- 冷凍コーン…大さじ1
- 塩…少々

作り方
① 冷凍コーンを解凍する
② ご飯にすべての具材を混ぜ合わせておにぎりにする

しらすとオクラのおにぎり

やさしい味わいにほっこり

材料
- ご飯…茶碗1杯分（150g）
- しらす…大さじ1
- 冷凍オクラ（スライス）…大さじ1
- 白ごま…大さじ1／2
- 塩…少々

作り方
① 冷凍オクラを解凍する
② ご飯にすべての具材を混ぜ合わせておにぎりにする

韓国海苔と梅のたぬきおにぎり

旨さガツン！食べて爽快

材料
- ご飯…茶碗1杯分（150g）
- 梅干し…1個
- 韓国海苔…1枚
- 天かす…大さじ2
- めんつゆ（3倍濃縮）…小さじ1／2

作り方
① 天かすにめんつゆをかけ、梅干しは種を取り除いてをほぐす
② 韓国海苔を手で小さくちぎる
③ ご飯にすべての具材を混ぜ合わせておにぎりにする

カシューナッツと鮭のおにぎり

すぐまた食べたくなる新食感

材料
- ご飯…茶碗1杯分（150g）
- カシューナッツ…5粒
- 鮭フレーク…大さじ1

作り方
① カシューナッツをお好みの大きさに砕く
② ご飯にすべての具材を混ぜ合わせておにぎりにする

梅とオクラのおかかおにぎり

疲れてバテそうな日はこれ

材料
- ご飯…茶碗1杯分（150g）
- 梅干し…1個
- 冷凍オクラ（スライス）…大さじ1／2
- かつお節…小分けサイズ1パック

作り方
① 梅干しは種を取り除いてほぐし、冷凍オクラは解凍する
② ご飯にすべての具材を混ぜ合わせておにぎりにする

海苔の佃煮とバターのおにぎり

材料
- ご飯…茶碗1杯分（150g）
- 海苔の佃煮…大さじ1／2
- バター…ひとかけ

作り方
① 海苔の佃煮をご飯に混ぜる
② ご飯の真ん中にバターをはさみ、おにぎりにする

とろけるコクに夢中になる

しば漬けととろろこんぶのおにぎり

これ1個で食物繊維も摂れる

材料
- ご飯…茶碗1杯分（150g）
- しば漬け…大さじ1
- とろろこんぶ…適量
- 白ごま…大さじ1／2

作り方
① ご飯にしば漬けと白ごまを混ぜておにぎりを握る
② とろろこんぶをつけてできあがり

韓国海苔のレモンたぬきおにぎり

爽やかな風味が合う〜

材料
- ご飯…茶碗1杯分(150g)
- 韓国海苔…1枚
- 天かす…大さじ2
- めんつゆ(3倍濃縮)…小さじ1/2
- レモン汁…適量

作り方
① 天かすにめんつゆをかけておく
② 韓国海苔は小さくちぎる
③ ご飯にすべての具材を混ぜ合わせておにぎりにする

★1

鮭とフライドオニオンのおにぎり
いつもの鮭が洋風の味に

材料
- ご飯…茶碗1杯分(150g)
- 鮭フレーク…大さじ1
- フライドオニオン…大さじ1
- 塩こしょう…少々

作り方
① ご飯にすべての具材を混ぜ合わせておにぎりにする

ブリ照りとチーズのおにぎり

材料
- ご飯…茶碗1杯分（150g）
- ブリの照り焼き…1切れ（60g）
- プロセスチーズ…1個
- 白ごま…大さじ1／2

作り方
① ブリの照り焼きは皮と骨を取り除いて身をほぐし、プロセスチーズは1cm角にちぎる
② ご飯にすべての具材を混ぜ合わせ、おにぎりにする

残りおかずが生まれ変わる

★1

梅とベビースターのおにぎり

材料
- ご飯…茶碗1杯分（150g）
- 梅干し…1個
- おやつカンパニー「ベビースターラーメン（チキン味）ミニ」…1／2袋

作り方
① 梅干しは種を取り除いてほぐす
② ご飯にすべての具材を混ぜ合わせておにぎりにする

食べて楽しいカリカリ食感

枝豆としらすとさけるチーズのおにぎり

食べごたえが抜群の新感覚

材料
- ご飯…茶碗1杯分（150g）
- 冷凍枝豆…大さじ1／2
- しらす…大さじ1
- 雪印メグミルク「雪印北海道100 さけるチーズ」…1／4本

作り方
① さけるチーズを細くさき、冷凍枝豆を解凍する
② ご飯にすべての具材を混ぜ合わせておにぎりにする

干しエビとクリチのたぬきおにぎり

サクサクえび天の風味

材料
- ご飯…茶碗1杯分（150g）
- 干しエビ…大さじ1／2
- クリームチーズ…1個
- 天かす…大さじ2
- めんつゆ（3倍濃縮）…小さじ1／2

作り方
① 天かすにめんつゆをかけ、クリームチーズは1cm角にちぎる
② ご飯にすべての具材を混ぜ合わせておにぎりにする

ミートボールとチーズのおにぎり

材料
- ご飯…茶碗1杯分（150g）
- ミートボール…5個
- プロセスチーズ…1個

作り方
① プロセスチーズは1cm角にちぎる
② ご飯にすべての具材を混ぜ合わせておにぎりにする

休日にこれ！
意外とイケる

鮭フレークとクリチの枝豆おにぎり

塩こしょうで旨さダダ上がり

材料
- ご飯…茶碗1杯分（150g）
- 鮭フレーク…大さじ1
- クリームチーズ…1個
- 冷凍枝豆…大さじ1／2
- 塩こしょう…少々

作り方
① クリームチーズは1cm角にちぎり、冷凍枝豆は解凍する
② ご飯にすべての具材を混ぜ合わせておにぎりにする

サバ缶と梅のおにぎり
手軽 & おいしく魚を堪能

材 料
- ご飯…茶碗1杯分（150g）
- サバ味噌煮缶…1／2缶
- 梅干し…1個
- 白ごま…大さじ1／2

作り方
① 梅干しは種を取り除いてほぐし、サバ味噌煮は汁気を切ってほぐす
② ご飯にすべての具材を混ぜ合わせておにぎりにする

★1

塩こんぶとクリチの たぬきおにぎり

材料
- ご飯…茶碗1杯分（150g）
- クリームチーズ…1個
- 塩こんぶ…大さじ1
- 天かす…大さじ2
- めんつゆ（3倍濃縮）…小さじ1／2

作り方
① クリームチーズは1cm角にちぎり、天かすにめんつゆをかけておく
② ご飯にすべての具材を混ぜ合わせておにぎりにする

旨みとコクのバランス最高！

枝豆とクリチの たぬきおにぎり

材料
- ご飯…茶碗1杯分（150g）
- 冷凍枝豆…大さじ1／2
- クリームチーズ…1個
- 天かす…大さじ2
- めんつゆ（3倍濃縮）…小さじ1／2

作り方
① 冷凍枝豆は解凍し、クリームチーズは1cm角にちぎる
② 天かすにめんつゆをかけておく
③ ご飯にすべての具材を混ぜ合わせておにぎりにする

たっぷりの具でお腹満足

バタピーとしらすのおにぎり

具がゴロゴロ簡単アレンジ

材 料
- ご飯…茶碗1杯分(150g)
- バターピーナッツ…大さじ1／2
- しらす…大さじ1

作り方
①ご飯にすべての具材を混ぜ合わせておにぎりにする

紅しょうがと さけるチーズのおにぎり

さっぱり食べれて満足感大

材料
- ご飯…茶碗 1 杯分(150g)
- 紅しょうが(みじん切り)…大さじ 1/2
- 雪印メグミルク「雪印北海道 100 さけるチーズ」…1／4本

作り方
① さけるチーズを細かくさく
② ご飯にすべての具材を混ぜ合わせておにぎりにする

鮭とクリチの コーンフレークおにぎり

サクサク食感がたまらない

材料
- ご飯…茶碗 1 杯分(150g)
- 鮭フレーク…大さじ 1
- クリームチーズ…1個
- 玄米フレーク…大さじ 1

作り方
① クリームチーズを 1cm 角にちぎる
② ご飯にすべての具材を混ぜ合わせておにぎりにする

チーズのおかかおにぎり

材料
- ご飯…茶碗1杯分（150g）
- プロセスチーズ（アーモンド入り）…1個
- かつお節…小分けサイズ1パック
- しょうゆ…小さじ1／2

作り方
① かつお節にしょうゆをかけて、プロセスチーズを1cm角にちぎる
② ご飯にすべての具材を混ぜ合わせておにぎりにする

心やすまる家庭の味

★1

アーモンドとチーズのおにぎり

ナッツの旨みにコクが合う

材料
- ご飯…茶碗1杯分（150g）
- アーモンド（無塩）…5粒
- プロセスチーズ…1個
- 塩…少々

作り方
① アーモンドは細かく砕き、プロセスチーズは1cm角にちぎる
② ご飯にすべての具材を混ぜ合わせておにぎりにする

Part 2

火 と 包丁 は最小限、なんでもない日のおにぎり

ほうれん草とゆで卵のおにぎり

材料
- ご飯…茶碗1杯分(150g)
- ほうれん草…10g
- ゆで卵…1/2個
- 塩…少々
- すりごま…小さじ1

作り方
① ほうれん草を500Wの電子レンジで1分加熱し、ゆで卵をひと口大にカットする
② ご飯にすべての具材を混ぜ合わせておにぎりにする

★2

ヘルシーかつ食べごたえ良し

ツナと卵のおにぎり

レンチン2分で至福の味

材料
- ご飯…茶碗1杯分（150g）
- ツナ…1／2缶
- 卵…1／2個
- しょうゆ…小さじ1／2
- みりん…小さじ1／2

作り方
①卵を割りほぐして汁気を切ったツナ、しょうゆ、みりんを加えて混ぜる
②500Wの電子レンジで1分加熱し、一度混ぜ合わせてからさらに1分加熱する
③ご飯に②を混ぜ合わせておにぎりにする

★2

鮭マヨと大葉おにぎり

いつもの鮭がまろやかになる

材料
- ご飯…茶碗1杯分（150g）
- 焼き鮭…1切れ（60g）
- マヨネーズ…小さじ1
- 大葉…2枚

作り方
①焼き鮭は皮と骨を取り除いて身をほぐし、マヨネーズで和える
②大葉は細切りにする
③ご飯とすべての具材を混ぜ合わせておにぎりにする

生ハムと炒り卵のおにぎり

材料
- ご飯…茶碗1杯分（150g）
- 生ハム…2枚
- 卵…1／2個
- 砂糖…適量

作り方
① 卵に砂糖を混ぜて加熱し、炒り卵を作る
② 生ハムはひと口大にカットする
③ ご飯にすべての具材を混ぜ合わせておにぎりにする

材料2つで満足感たっぷり

カマンベールチーズのおかかおにぎり

こんなおにぎりはじめて

材料
- ご飯…茶碗1杯分（150g）
- カマンベールチーズ…15g
- かつお節…小分けサイズ1パック
- しょうゆ…小さじ1／2

作り方
① かつお節にしょうゆをかけて混ぜ、カマンベールチーズをひと口大にカットする
② ご飯にすべての具材を混ぜ合わせておにぎりにする

ピーマンとウインナーのおにぎり

コクと苦味で満足度大

【材料】
- ご飯…茶碗1杯分（150g）
- ピーマン…1／2個
- ウインナー…2本
- 塩こしょう…少々

【作り方】
① ピーマンは細切り、ウインナーは輪切りにする
② フライパンでピーマンとウインナーを炒めて、塩こしょうで味つけする
③ ご飯にすべての具材を混ぜ合わせておにぎりにする

ヤンニョムちくわチーズおにぎり

やみつきになる韓国風味

材料
- ご飯…茶碗1杯分（150g）
- ちくわ…1本
- プロセスチーズ…1個
- 白ごま…大さじ1／2
- コチュジャン…小さじ1
- しょうゆ…小さじ1／2
- みりん…小さじ1／2

作り方
①輪切りにしたちくわを炒め、コチュジャン、しょうゆ、みりんで味つけする
②プロセスチーズは1cm角にカットする
③ご飯にすべての具材を混ぜ合わせておにぎりにする

ブロッコリーとこんぶのおかかおにぎり

混ぜるだけで栄養たんまり

材料
- ご飯…茶碗1杯分（150g）
- ブロッコリー…10g
- 塩こんぶ…大さじ1
- かつお節…小分けサイズ1パック
- 白ごま…大さじ1／2
- ごま油…小さじ1／2

作り方
① ブロッコリーを加熱して小さくほぐす
② ご飯以外の材料すべてを混ぜ合わせてふりかけを作る
③ ②のふりかけをご飯に混ぜておにぎりにする

子どもにも人気のメニュー

ちくわとチーズのゆかりおにぎり

★2

材料
- ご飯…茶碗1杯分（150g）
- ちくわ…1本
- 三島食品「ゆかり®」…適量
- プロセスチーズ…1個

作り方
① ちくわを輪切りにして、トースターで焼き色がつくまで温める。プロセスチーズは1cm角にカットする
② ご飯にすべての具材を混ぜ合わせておにぎりにする

塩こんぶと卵とレタスのおにぎり

みずみずしい食感が合う

材料
- ご飯…茶碗1杯分（150g）
- 塩こんぶ…大さじ1
- 卵…1／2個
- 砂糖…適量
- レタス…1／4枚

作り方
①卵に砂糖を混ぜ、過熱して炒り卵を作る
②レタスはひと口サイズにカットする
③ご飯にすべての具材を混ぜ合わせておにぎりにする

豚ミンチと紅しょうがのおにぎり

余った紅しょうがが変身

材料
- ご飯…茶碗1杯分（150g）
- 紅しょうが（みじん切り）…大さじ1／2
- 豚ひき肉…20g
- しょうゆ…小さじ1／2
- みりん…小さじ1／2

作り方
①豚ひき肉は炒めてしょうゆ、みりんで味つけする
②ご飯にすべての具材を混ぜ合わせておにぎりにする

ひろしとにんじんのおにぎり

野菜の自然な甘みに癒される

材料
- ご飯…茶碗1杯分（150g）
- 三島食品「ひろし®」…小さじ1
- にんじん…1／5本
- レモン汁…適量
- 塩…少々

作り方
① ピーラーで細かくカットしたにんじんを耐熱容器に入れ、レモン汁と塩をふって500Wの電子レンジで1分前後加熱する
② ご飯とすべての具材を混ぜ合わせておにぎりにする

★2

からあげと福神漬けのおにぎり

お弁当に入れても映える

材料
- ご飯…茶碗1杯分（150g）
- からあげ…1個
- 福神漬け…大さじ1／2
- 三島食品「ひろし®」…小さじ1

作り方
① からあげは食べやすいサイズに、福神漬けは粗くみじん切りにする
② ご飯とすべての具材を混ぜ合わせておにぎりにする

こんぶおにぎりの概念を一新

塩こんぶとクルミと大葉のおにぎり

材料
- ご飯…茶碗1杯分（150g）
- 塩こんぶ…大さじ1
- 大葉…2枚
- クルミ（無塩）…6〜7粒

作り方
1. 大葉は千切り、クルミ（無塩）は食べやすいサイズに砕く
2. ご飯にすべての具材を混ぜ合わせておにぎりにする

ベーコンとしめじのおにぎり

パーティーメニューにも

材料
- ご飯…茶碗1杯分（150g）
- ブロックベーコン…20g
- しめじ…10g
- 塩こしょう…少々
- 乾燥パセリ…適量

作り方
① ブロックベーコンを1cm角に切り、ほぐしたしめじと一緒に炒めて塩こしょうをふる
② ご飯に①を混ぜ合わせておにぎりにする
③ 乾燥パセリをふってできあがり

★2

梅マヨ卵おにぎり

酸っぱい × マイルドの共演

材料
- ご飯…茶碗1杯分（150g）
- 梅干し…1個
- 卵…1／2個
- 砂糖…適量
- 白ごま…大さじ1／2
- マヨネーズ…小さじ1／2

作り方
① 卵に砂糖を混ぜ、過熱して炒り卵を作る
② 梅干しは種を取り除いてほぐす
③ ご飯にすべての具材を混ぜ合わせておにぎりにする

じゃがいもベーコンおにぎり

材料
- ご飯…茶碗1杯分(150g)
- じゃがいも…1／2個
- ブロックベーコン…20g
- 顆粒コンソメ…少々
- 塩こしょう…少々

作り方
① じゃがいもとブロックベーコンを角切りにし、炒めてコンソメで味つけする
② ご飯にすべての具材を混ぜ合わせておにぎりにする

コンソメ味でウマウマ〜

アスパラとツナマヨのおにぎり

野菜のおいしさをサラダ感覚で

材料
- ご飯…茶碗1杯分（150g）
- アスパラガス…1本
- 塩こしょう…少々
- ツナ…1／2缶
- マヨネーズ…小さじ1／2

作り方
① アスパラガスを 3cm 幅にカットし、フライパンで炒めて塩こしょうをかける
② ツナの汁気を切り、マヨネーズを和える
③ ご飯にすべての具材を混ぜ合わせておにぎりにする

コンビーフマヨと大葉のおにぎり

夜食にもおすすめ

材料
- ご飯…茶碗1杯分（150g）
- コンビーフ…15g
- マヨネーズ…小さじ1
- 大葉…2枚

作り方
① コンビーフをほぐしてマヨネーズで和える
② 大葉は千切りにする
③ ご飯にすべての具材を混ぜ合わせておにぎりにする

塩こんぶと炒り卵のおにぎり

ふわふわ卵に心がほぐれる

材料
- ご飯…茶碗1杯分（150g）
- 塩こんぶ…大さじ1
- 卵…1／2個
- 砂糖…適量
- 白ごま…大さじ1／2

作り方
① 卵を割りほぐして砂糖を加え、過熱して炒り卵を作る
② ご飯にすべての具材を混ぜ合わせておにぎりにする

ブロッコリーと鮭のたぬきおにぎり

具だくさんでお腹いっぱい

材料
- ご飯…茶碗1杯分（150g）
- ブロッコリー…10g
- 焼き鮭…1切れ（60g）
- 天かす…大さじ2
- めんつゆ（3倍濃縮）…小さじ1／2

作り方
① ブロッコリーを加熱してひと口大にカットし、鮭は皮と骨を取って身をほぐす
② 天かすにめんつゆをかけておく
③ ご飯にすべての具材を混ぜ合わせておにぎりにする

炒り卵のお茶づけおにぎり

ふわふわ卵がやさしい

材料
- ご飯…茶碗1杯分（150g）
- 卵…1／2個
- 砂糖…適量
- 永谷園「お茶づけ海苔」…1／2袋

作り方
① 卵に砂糖を混ぜ、過熱して炒り卵にする
② ご飯にすべての具材を混ぜ合わせておにぎりにする

新玉ねぎと干しエビのおにぎり

旨みが溢れて止まらない…

材料
- ご飯…茶碗1杯分（150g）
- 新玉ねぎ…1／8個
- 干しエビ…大さじ1
- オリーブオイル…適量
- 塩こしょう…少々

作り方
① みじん切りにした新玉ねぎと干しエビをオリーブオイルで炒めて、塩こしょうで味つけする
② ご飯に①を混ぜ合わせておにぎりにする

大根葉っぱとしば漬けのおにぎり

大根は"葉っぱ"部分が絶品

材料
- ご飯…茶碗1杯分（150g）
- 大根の葉…10ｇ
- しば漬け…大さじ1
- 白ごま…大さじ1／2
- 塩…少々

作り方
① 大根の葉をざく切りにし、炒めて塩で味つけする
② しば漬けをみじん切りにする
③ ご飯とすべての具材を混ぜ合わせておにぎりにする

贅沢な大人味のおにぎり

生ハムとクリチと大葉のおにぎり

★2

材料
- ご飯…茶碗1杯分（150g）
- 生ハム…2枚
- クリームチーズ…1個
- 大葉…2枚
- 塩こしょう…少々

作り方
①大葉は千切り、クリームチーズは1cm角、生ハムはひと口大にカットする
②ご飯にすべての具材を混ぜ合わせておにぎりにする

サラダチキンとアーモンドの梅おにぎり

3分で作るヘルシーな軽食

材料
- ご飯…茶碗1杯分（150g）
- サラダチキン…20g
- アーモンド（無塩）…5粒
- 梅干し…1個

作り方
① アーモンドは軽く砕き、梅干しは種を取り除いてほぐす
② サラダチキンはひと口大にカットする
③ ご飯にすべての具材を混ぜ合わせておにぎりにする

レタスとチーズと ウインナーのおにぎり

さっと炒めておいしさ爆増

材料
- ご飯…茶碗1杯分(150g)
- レタス…1／4枚
- ウインナー…2本
- プロセスチーズ…1個
- 塩…少々

作り方
① ウインナーは輪切り、レタスは小さくちぎってどちらもフライパンで炒める。レタスは塩をかけて味つけする
② プロセスチーズを1cmの角切りにする
③ ご飯にすべての具材を混ぜ合わせておにぎりにする

★2

サバ缶と ひじきの おにぎり

材料
- ご飯…茶碗1杯分(150g)
- サバ味噌煮缶…15g
- 乾燥ひじき…小さじ1
- 白ごま…大さじ1／2

作り方
① 乾燥ひじきは水で戻す
② サバ味噌煮缶とひじきを耐熱容器に入れて、ラップをかけ、500Wの電子レンジで1分加熱する
③ ②の汁気を軽く切り、白ごまとご飯に混ぜ込んでおにぎりにする

おいしく手軽に栄養が摂れる

ちりめんと大葉とコーンのおにぎり

食欲がない日でもさっぱり

材料
- ご飯…茶碗1杯分（150g）
- ちりめんじゃこ…大さじ1
- 大葉…1枚
- 冷凍コーン…大さじ1
- 塩…少々

作り方
①大葉は千切りにし、冷凍コーンは解凍する
②ご飯にすべての具材を混ぜ合わせておにぎりにする

ナスと大葉のおにぎり

材料
- ご飯…茶碗1杯分(150g)
- ナス(輪切り)…5切れ
- 焼き肉のタレ…大さじ1
- 大葉…2枚

作り方
① ナスを炒めて焼き肉のタレで味つけする
② 大葉は千切りにする
③ ご飯にすべての具材を混ぜ合わせておにぎりにする

★2

焼き肉のタレでヤバ旨…

あっさり味で気分爽快

鮭とカイワレと天かすのおにぎり

材料
・ご飯…茶碗1杯分（150g）
・焼き鮭…1切れ（60g）
・カイワレ大根…適量
・天かす…大さじ2

作り方
①焼き鮭は皮と骨を取って身をほぐす。カイワレ大根を食べやすいサイズにカットする
②ご飯にすべての具材を混ぜ合わせておにぎりにする

たくあんと ポテトチップスの おにぎり

材料
- ご飯…茶碗1杯分（150g）
- たくあん（半月切りのもの）…2枚
- ポテトチップス（うすしお）…5枚

作り方
① たくあんを小さくカットし、ポテトチップスは食べやすく砕く
② ご飯に①を混ぜ合わせておにぎりにする

食感が至福！やみつきになる

小松菜とちくわとチーズのおにぎり

ザクザク野菜で栄養たっぷり

材料
- ご飯…茶碗1杯分（150g）
- 小松菜…10g
- ちくわ…1本
- プロセスチーズ…1個
- 塩…少々

作り方
① 小松菜はざく切りにして炒め、塩で味つけする
② ちくわは輪切りにして、トースターで焼き色をつける
③ プロセスチーズは1cm角にカットする
④ ご飯にすべての具材を混ぜ合わせておにぎりにする

野菜シャキッとまるごと

ベーコンとチンゲン菜のおにぎり

材料
- ご飯…茶碗1杯分（150g）
- ハーフベーコン…1枚
- チンゲン菜…10g
- 塩…少々

作り方
① ハーフベーコンとチンゲン菜を細かくカットして炒め、塩をふる
② ご飯に①を混ぜ合わせておにぎりにする

まいたけバターしょうゆおにぎり

香るきのこまるごといただき

材 料
- ご飯…茶碗1杯分（150g）
- まいたけ…15g
- 刻みネギ…大さじ1
- 白ごま…大さじ1／2
- バター…ひとかけ
- しょうゆ…適量

作り方
① まいたけをほぐしたら、バターをひいたフライパンで炒め、しょうゆで味つけする
② ご飯とすべての具材を混ぜ合わせておにぎりにする

★2

とろろこんぶとネギ卵のおにぎり

材料
- ご飯…茶碗1杯分（150g）
- とろろこんぶ…ひとつまみ
- 卵…1／2個
- 刻みネギ…大さじ1／2
- 塩…少々

作り方
① 卵を割りほぐして塩を加え、加熱して炒り卵にする。仕上げに刻みネギも加える
② ご飯にすべての具材を混ぜ合わせておにぎりにする

やさしい味わいがしみる〜

カブの葉っぱとしらすの梅おにぎり

材料
- ご飯…茶碗1杯分（150g）
- カブの葉…10g
- しらす…大さじ1
- 梅干し…1個
- ごま油…適量
- 塩…少々

作り方
① カブの葉をざく切りにして、ごま油で炒め、塩で味つけする
② 梅干しは種を取り除いてほぐす
③ ご飯とすべての具材を混ぜ合わせておにぎりにする

葉っぱのおいしい活用法

うどん風おにぎり

丼ごといただく気分

材料
- ご飯…茶碗1杯分（150g）
- かまぼこ（半月切り）…2枚
- 刻みネギ…大さじ1／2
- 天かす…大さじ2
- めんつゆ（3倍濃縮）…小さじ1／2

作り方
①天かすにめんつゆをかけておく
②かまぼこはいちょう切りにする
③ご飯にすべての具材を混ぜ合わせておにぎりにする

郵 便 は が き

170-8790

333

料金受取人払郵便

豊島局承認

4482

差出有効期間
2025年10月
31日まで

●上記期限まで
切手不要です。

東京都豊島区高田3-10-11

自由国民社

愛読者カード　係 行

住所	〒□□□-□□□□	都道府県　　　　　　　　　市郡(区)　　　　　　　　　　　　　　　　　　　アパート・マンション等、名称・部屋番号もお書きください。	
氏名	フリガナ	電話	市外局番　市内局番　番号（　　）（　　）
		年齢	歳

E-mail

どちらでお求めいただけましたか？
書店名（　　　　　　　　　　　　　　　　　　　　　　　　）
インターネット　　1．アマゾン　　2．楽天　　3．bookfan
　　　　　　　　　4．自由国民社ホームページから
　　　　　　　　　5．その他（　　　　　　　　　　　　　　　　）

ご記入いただいたご住所等の個人情報は、自由国民社からの各種ご案内・連絡・お知らせにのみ利用いたします。いかなる第三者に個人情報を提供することはございません。

『なんでもない日のおいしいおにぎり』を
ご購読いただき、誠にありがとうございました。
下記のアンケートにお答えいただければ幸いです。

● 本書を、どのようにしてお知りになりましたか。
　□新聞広告で（紙名：　　　　　　　　　新聞）
　□書店で実物を見て（書店名：　　　　　　　　　　　）
　□インターネットで（サイト名：　　　　　　　　　　）
　□SNSで（SNS名：　　　　　　　　　　　　　　　）
　□人にすすめられて　□その他（　　　　　　　　　　）

● 本書のご感想をお聞かせください。
　※お客様のコメントを新聞広告等でご紹介してもよろしいですか？
　　（お名前は掲載いたしません）　□はい　□いいえ

ご協力いただき、誠にありがとうございました。
お客様の個人情報ならびにご意見・ご感想を、
許可なく編集・営業資料以外に使用することはございません。

ミョウガとハムのおにぎり

香りと食感にうっとり

材料
- ご飯…茶碗1杯分（150g）
- ミョウガ…1本
- ハム…1枚
- マヨネーズ…小さじ1／2
- 白ごま…大さじ1／2
- 塩…少々

作り方
① ミョウガは輪切りにして塩をふる
② ハムは小さく短冊切りにする
③ ご飯にすべての具材を混ぜ合わせておにぎりにする

白菜とツナのこんぶおにぎり

白菜のおいしさ主役級

材料
- ご飯…茶碗1杯分（150g）
- 白菜…1枚
- ツナ…1／2缶
- 塩こんぶ…大さじ1

作り方
① 白菜は粗い千切りにする。ツナは汁気をよく切る
② ①と塩こんぶを混ぜ合わせて10分ほど置く
③ ②をご飯に混ぜておにぎりにする

★2

たくあんのからしマヨおにぎり

材料
- ご飯…茶碗1杯分（150g）
- たくあん…2枚
- からし…適量
- マヨネーズ…小さじ1／2
- 大葉…2枚
- 白ごま…大さじ1／2

作り方
① たくあんを細切りにし、マヨネーズとからしで和える
② 大葉は千切りにする
③ ご飯にすべての具材を混ぜ合わせておにぎりにする

隠し味がいい仕事しすぎ

ちりめん山椒と卵のおにぎり

ほどよい甘さがあふれ出る

材料
- ご飯…茶碗1杯分（150g）
- ちりめん山椒…大さじ1
- 卵…小さじ1／2個
- 砂糖…適量

作り方
① 卵に砂糖を混ぜ、過熱して炒り卵を作る
② ご飯にすべての具材を混ぜ合わせておにぎりにする

ほうれん草のたぬきおにぎり

ほうれん草のおいしさ満喫

材料
- ご飯…茶碗1杯分（150g）
- ほうれん草…10g
- 天かす…大さじ2
- めんつゆ（3倍濃縮）…小さじ1／2
- 塩…少々

作り方
① ほうれん草はラップに包んで電子レンジで加熱してから水にさらす。水気を切って3cm幅にカットし、塩をふる
② 天かすにめんつゆをかける
③ ご飯とすべての具材を混ぜ合わせておにぎりにする

★2

鶏そぼろと梅とオクラのおにぎり

梅の酸味でどんどん食べたくなる

材料
- ご飯…茶碗1杯分（150g）
- 鶏ひき肉…20g
- 砂糖…小さじ1／2
- しょうゆ…小さじ1／2
- 梅干し…1個
- 冷凍オクラ（スライス）…大さじ1／2

作り方
① 鶏ひき肉を火が通るまで炒め、砂糖としょうゆで味つけする
② オクラは解凍し、梅干しは種を取り除いてほぐす
③ ご飯とすべての具材を混ぜ合わせておにぎりにする

イカ天と紅しょうがのおにぎり

材料
- ご飯…茶碗1杯分（150g）
- イカ天…1枚
- 紅しょうが…小さじ1
- 刻みネギ…大さじ1／2

作り方
① 紅しょうがはみじん切りにし、イカ天は手で小さくちぎる
② ご飯にすべての具材を混ぜ合わせておにぎりにする

これはもう…おかず？！

柿の種と炒り卵のおにぎり

ふわっもちっ、食感楽しい

材料
・ご飯…茶碗1杯分（150g）
・柿の種（ピーナッツ入り）…適量
・卵…1／2個
・砂糖…適量

作り方
①柿の種（ピーナッツ入り）は軽く砕く
②卵に砂糖を混ぜ、過熱して炒り卵を作る
③ご飯とすべての具材を混ぜ合わせておにぎりにする

水菜とクリームチーズのおにぎり

塩だけでオシャレな味わい

材料
- ご飯…茶碗1杯分（150g）
- 水菜…10g
- クリームチーズ…1個
- 塩…少々

作り方
① 水菜をざく切りにしてさっと炒めて、塩で味つけする
② クリームチーズは1cmの角切りにする
② ご飯にすべての具材を混ぜ合わせておにぎりにする

ベーコンとゆで卵のおにぎり

朝に食べたい爽やかな味

材料
- ご飯…茶碗1杯分（150g）
- ハーフベーコン…1枚
- ゆで卵…1個
- マスタード…小さじ1／2
- マヨネーズ…小さじ1

作り方
① ゆで卵をひと口大にカットし、マスタードとマヨネーズを和える
② ハーフベーコンは短冊切りにする
③ ご飯にすべての具材を混ぜ合わせておにぎりにする

ラクチンなのに超豪華
生ハムと枝豆のおにぎり

材料
- ご飯…茶碗1杯分（150g）
- 生ハム…2枚
- 冷凍枝豆…大さじ1／2
- 塩こしょう…少々

作り方
① 冷凍枝豆は解凍し、生ハムはひと口大にカットする
② ご飯とすべての具材を混ぜ合わせておにぎりにする

これこれ〜と落ち着く味
紅しょうがとチーズのたぬきおにぎり

★2

材料
- ご飯…茶碗1杯分（150g）
- 紅しょうが…大さじ1
- プロセスチーズ…1個
- 天かす…大さじ2
- めんつゆ（3倍濃縮）…小さじ1／2

作り方
① 紅しょうがはみじん切りに、プロセスチーズは1cmの角切りにする
② 天かすにめんつゆをかける
③ ご飯にすべての具材を混ぜ合わせておにぎりにする

サラダチキンとゆで卵のおにぎり

★2

ぱくっとタンパク質チャージ

材料
- ご飯…茶碗1杯分（150g）
- サラダチキン…20g
- ゆで卵（スライス）…1枚
- 乾燥バジル…適量

作り方
① サラダチキンは小さくほぐす
② ①とバジルをご飯と混ぜ合わせておにぎりにし、真ん中にゆで卵を乗せてできあがり

さつまいもとクリームチーズのおにぎり

ほどよい甘さでおやつにも

材料
- ご飯…茶碗1杯分（150g）
- さつまいも…20ｇ
- クリームチーズ…1個
- マヨネーズ…小さじ1
- 塩こしょう…適量

作り方
① さつまいもを500Wの電子レンジで3分加熱し、つぶしてマヨネーズと和える。クリームチーズはひと口大にちぎる
② ご飯とすべての具材を混ぜ合わせておにぎりにする

ちりめんと大葉とチーズのおにぎり

ごま油をたら〜り

材料
・ご飯…茶碗1杯分（150g）
・ちりめんじゃこ…大さじ1
・大葉…2枚
・プロセスチーズ…1個
・ごま油…小さじ1／2

作り方
①大葉を千切りに、プロセスチーズを1cm角にカットする
②ご飯にすべての具材を混ぜ合わせておにぎりにする

★2

明太子と炒り卵のおにぎり

隠し味のバターがポイント

材料
・ご飯…茶碗1杯分（150g）
・明太子…1腹
・卵…1／2個
・砂糖…適量
・バター…ひとかけ

作り方
①フライパンにバターを溶かす。卵に砂糖を混ぜて加熱し、炒り卵を作る
②明太子は小さくカットする
③ご飯とすべての具材混ぜ合わせておにぎりにする

焼き鳥缶と炒り卵のおにぎり

材料
- ご飯…茶碗1杯分（150g）
- 焼き鳥の缶詰め（タレ）…1／2缶
- 卵…1／2個
- 砂糖…適量

作り方
① 焼き鳥は食べやすいサイズにカットする
② 卵に砂糖を混ぜ、過熱して炒り卵を作る
③ ご飯とすべての具材を混ぜ合わせておにぎりにする

缶詰めでラクチン屋台の味

ちくわの磯部揚げ風おにぎり

揚げずに混ぜるだけで再現

材料
- ご飯…茶碗1杯分（150g）
- ちくわ…1本
- 天かす…大さじ2
- 青海苔…小さじ1／2
- 塩…少々

作り方
① ちくわは輪切りにする。香ばしいのが好みの場合はトースターで加熱する
② ご飯にすべての具材を混ぜ合わせておにぎりにする

しょうがの酢漬けと大葉のおにぎり

★2

食卓が華やぐ彩り具材

材料
- ご飯…茶碗1杯分（150g）
- 岩下食品「岩下の新生姜® スライス next」…10g
- 大葉…2枚
- 白ごま…大さじ1／2

作り方
①新生姜と大葉をそれぞれ千切りにする
②ご飯にすべての具材を混ぜ合わせておにぎりにする

カニカマとコーンのマヨ焼きおにぎり

材料
- ご飯…茶碗1杯分（150g）
- カニカマ…2本
- 冷凍コーン…大さじ1
- 塩…少々
- マヨネーズ…適量
- 油…適量

作り方
① 冷凍コーンは解凍し、カニカマはほぐす
② ①と塩をご飯に混ぜ合わせておにぎりにする
③ アルミホイルに油をひき、マヨネーズをかけたおにぎりを置いてトースターで焼き色がつくまで温める

冷凍おにぎりのアレンジにも

ちくわとキュウリのゆかりおにぎり

風味がさっぱりおいしい

材料
- ご飯…茶碗1杯分（150g）
- キュウリ…1／4本
- ちくわ…1本
- 三島食品「ゆかり®」…小さじ1
- 塩…少々

作り方
① キュウリは細切りにして塩もみし、水気を絞る。ちくわは輪切りにしてトースターで焼き色をつける
② ご飯とすべての具材を混ぜ合わせておにぎりにする

えのきとベーコンのおにぎり

オイスターソースが絶妙

材料
- ご飯…茶碗1杯分（150g）
- ハーフベーコン…1枚
- えのき…10g
- オイスターソース…適量
- 塩こしょう…少々

作り方
① えのきはカットして炒め、塩こしょうとオイスターソースで味つけする
② ベーコンを短冊切りにし、軽く炒める
③ ご飯にすべての具材を混ぜ合わせておにぎりにする

なめ茸と炒り卵のおにぎり

材料
- ご飯…茶碗1杯分（150g）
- なめ茸…小さじ1
- 卵…1／2個
- 塩…少々

作り方
① 卵に塩を混ぜて加熱し、炒り卵を作る
② ご飯とすべての具材を混ぜ合わせておにぎりにする

ふわふわ卵とえのきがマッチ

しいたけと梅のおにぎり

材料
- ご飯…茶碗1杯分（150g）
- 梅干し…1個
- しいたけ…1本
- 塩…適量
- 油…適量

作り方
① しいたけはひと口大にカットし、油をひいたフライパンで軽く炒めて、塩で味つけする
② 梅干しは種を取り除いてほぐす
③ ご飯にすべての具材を混ぜ合わせておにぎりにする

噛むとあふれ出る旨み…！

大葉のしょうゆ漬けおにぎり

材料
- ご飯…茶碗1杯分(150g)
- 大葉…2枚
- しょうゆ…小さじ1/2
- ごま油…小さじ1/2
- 白ごま…大さじ1/2

作り方
① 千切りした大葉をしょうゆとごま油に浸して10分置く
② ご飯にすべての具材を混ぜ合わせておにぎりにする

ごま油で止まらないおいしさ

節分の豆とちりめんじゃこのおにぎり

節分で余った豆の活用レシピ

材料
- ご飯…茶碗1杯分（150g）
- 福豆…大さじ1
- ちりめんじゃこ…大さじ1
- 白ごま…大さじ1／2
- しょうゆ…小さじ1／2
- みりん…小さじ1／2
- 砂糖…小さじ1／2

作り方
① フライパンでしょうゆ、みりん、砂糖を熱して、福豆をからめる
② 火を消してちりめんじゃこと白ごまを追加する
③ ご飯と②を混ぜ合わせておにぎりにする

水菜とそぼろのおにぎり

爽やかで軽食にぴったり

材料
- ご飯…茶碗1杯分（150g）
- 水菜…10g
- 鶏ひき肉…20g
- めんつゆ（3倍濃縮）…小さじ1
- ごま油…適量

作り方
① ごま油をひいたフライパンで鶏ひき肉を炒め、めんつゆで味つけする
② 仕上げに食べやすいサイズにカットした水菜を加えてさっと混ぜる
③ ご飯に②を混ぜ合わせておにぎりにする

紅しょうがと大葉のたぬきおにぎり

ピリッと心地よい味わい

材料
- ご飯…茶碗1杯分（150g）
- 紅しょうが…小さじ1
- 大葉…2枚
- 天かす…大さじ2
- めんつゆ（3倍濃縮）…小さじ1／2

作り方
① 天かすにめんつゆをかけておく
② 大葉は千切り、紅しょうがはみじん切りにする
③ ご飯にすべての具材を混ぜ合わせておにぎりにする

ベーコンのおかかおにぎり

元気を出したいときはこれ

材料
- ご飯…茶碗1杯分（150g）
- ハーフベーコン…1枚
- かつお節…小分けサイズ1パック
- しょうゆ…小さじ1／2
- 白ごま…大さじ1／2

作り方
① ベーコンはひと口大にカットして軽く炒める
② かつお節にしょうゆをかける
③ ご飯とすべての具材を混ぜ合わせておにぎりにする

★2

わかめとたくあんのおにぎり

3分で完成！なつかしい味

材料
- ご飯…茶碗1杯分（150g）
- 乾燥わかめ…小さじ1／2
- たくあん…2枚

作り方
① 乾燥わかめを細かく砕き、たくあんを小さくカットする
② ご飯と①を混ぜ合わせておにぎりにする

サバマヨとキュウリのおにぎり

お弁当の定番ですぐ作れる

材料
- ご飯…茶碗1杯分（150g）
- 焼サバ…1切れ（60g）
- キュウリ…1／4本
- マヨネーズ…大さじ1

作り方
① キュウリは千切りにし、焼きサバは皮と骨を取り除いて身をほぐす
② ①をマヨネーズで和える
③ ご飯の真ん中に②をはさみ、おにぎりにする

ひろしとじゃこと卵のおにぎり

旨みの共演に参りました…

材料
- ご飯…茶碗1杯分（150g）
- 三島食品「ひろし®」…小さじ1
- ちりめんじゃこ…大さじ1
- 卵…1／2個
- 砂糖…適量

作り方
①卵に砂糖を混ぜて過熱し、炒り卵を作る
②ご飯にすべての具材を混ぜ合わせておにぎりにする

たらことかぶき揚げのおにぎり

材料
- ご飯…茶碗1杯分（150g）
- たらこ…1腹
- かぶき揚げ…2枚

作り方
① たらこは小さくカットし、かぶき揚げは食べやすいサイズに砕く
② ご飯とすべての具材を混ぜ合わせておにぎりにする

こう見えて真面目においしい

いぶりがっこのツナマヨおにぎり

たまらん大人のツナマヨ

材料
- ご飯…茶碗1杯分（150g）
- いぶりがっこ…2切れ
- ツナ…1／2缶
- マヨネーズ…小さじ1／2

作り方
① いぶりがっこをみじん切りにし、汁気を切ったツナと一緒にマヨネーズで和える
② ご飯の真ん中に①をはさんでラップで包み、おにぎりにする

風味と食感のバランスばっちり

たくあんとちりめんと大葉のおにぎり

材料
・ご飯…茶碗1杯分（150g）
・たくあん…2枚
・ちりめんじゃこ…大さじ1
・大葉…2枚

作り方
①たくあんと大葉はそれぞれに千切りにする
②ご飯とすべての具材を混ぜ合わせておにぎりにする

にんじんと鮭フレークのおにぎり

自然な甘さにほっこり

★2

材料
- ご飯…茶碗1杯分（150g）
- にんじん…15g
- 鮭フレーク…大さじ1
- バター…ひとかけ
- 塩こしょう…少々

作り方
① にんじんをみじん切りにする
② フライパンにバターを溶かして①を炒め、塩こしょうをふる
③ ご飯にすべての具材を混ぜ合わせておにぎりにする

韓国海苔と小松菜のおにぎり

ナムルっぽくて満足感大

材料
- ご飯…茶碗1杯分(150g)
- 韓国海苔…1枚
- 小松菜…1株
- 白ごま…大さじ1／2
- 塩…少々
- ごま油…適量

作り方
① 小松菜をみじん切りにしてごま油で炒め、塩で味つけする
② 韓国海苔は手で小さくちぎる
③ ご飯とすべての具材を混ぜ合わせておにぎりにする

レタスとちりめんじゃこのおにぎり

粉チーズをふって絶品！

材料
- ご飯…茶碗1杯分（150g）
- レタス…1／2枚
- ちりめんじゃこ…大さじ1
- 粉チーズ…適量
- 塩…少々

作り方
①洗ってひと口大にちぎったレタスを耐熱容器に入れ、ラップをかけて500Wの電子レンジで1分加熱する
②ご飯にすべての具材を混ぜ合わせておにぎりにする

ベーコンと卵とかつお節のおにぎり

ふわふわ、旨みが広がる

材料
- ご飯…茶碗1杯分（150g）
- ハーフベーコン…1枚
- 卵…1／2個
- 砂糖…適量
- かつお節…小分けサイズ1パック

作り方
①卵に砂糖を混ぜて加熱し、炒り卵にする
②ベーコンを短冊切りにし、お好みで軽く炒める
③ご飯にすべての具材を混ぜ合わせておにぎりにする

肉味噌とコーンのおにぎり

材料
- ご飯…茶碗1杯分(150g)
- 豚ひき肉…20g
- 冷凍コーン…大さじ1
- 味噌…小さじ1／2
- しょうゆ…小さじ1／2
- みりん…小さじ1／2
- 塩こしょう…少々

作り方
① フライパンで豚ひき肉を炒めて、味噌、しょうゆ、みりんで味つけする
② 冷凍コーンを解凍する
③ ご飯と①②を混ぜ合わせておにぎりにし、塩こしょうをふる

この味やみつきになる…！

★2

ミニトマトと卵のおにぎり

やさしく爽やかで朝食にも

材料
- ご飯…茶碗1杯分（150g）
- ミニトマト…3個
- 卵…1／2個
- 砂糖…適量
- 塩…少々

作り方
① ミニトマトは半分にカットする
② 卵に砂糖を混ぜ、過熱して炒り卵を作る
③ ご飯にすべての具材を混ぜ合わせておにぎりにする

クリチの活躍ぶりが圧巻…!

チュモッパ風アレンジおにぎり

材料
- ご飯…茶碗1杯分(150g)
- 韓国海苔…1枚
- たくあん…1枚
- 大葉…2枚
- クリームチーズ…1個

作り方
① たくあんは細切り、大葉は千切り、クリームチーズは1cm角に切り、韓国海苔は手で小さくちぎる
② ご飯にすべての具材を混ぜ合わせておにぎりにする

Part 3

いつもより ひと手間、
ちょっと特別な日の
おにぎり

油揚げとコーンとミョウガのおにぎり

一度食べたらくせになる

★3

材料
- ご飯…茶碗1杯分（150g）
- 油揚げ…1／2枚
- 冷凍コーン…大さじ1
- ミョウガ…適量
- しょうゆ…小さじ1／2
- みりん…小さじ1／2

作り方
① 細切りにした油揚げを耐熱容器に入れてしょうゆとみりんを加え、ラップをかぶせて500Wの電子レンジで20秒程加熱する
② ミョウガは千切りにして水にさらし、冷凍コーンは解凍しておく
③ ご飯とすべての具材を混ぜ合わせておにぎりにする

豚肉とキャベツのおにぎり

満足感のポイントは味つけ

材料
- ご飯…茶碗1杯分（150g）
- 豚こま切れ肉…20g
- キャベツ…1枚
- オイスターソース…小さじ1／2
- しょうゆ…小さじ1／2
- みりん…小さじ1／2

作り方
①小さくカットしたキャベツと豚こま切れ肉を炒め、オイスターソース、しょうゆ、みりんで味つけする
②ご飯と①を混ぜ合わせておにぎりにする

★3

豆腐でかさ増し、ヘルシー

豆腐とチーズの焼きおにぎり

材料
- ご飯…茶碗1杯分（150g）
- 木綿豆腐…30g
- シュレッドチーズ…大さじ1
- 塩こしょう…少々
- 油…適量

作り方
①木綿豆腐を水切りして小さくほぐす
②油以外の具材をご飯と混ぜ合わせておにぎりにする
③油をひいたフライパンで両面を焼いたらできあがり

山芋とろろの焼きおにぎり

とろ〜んと
やみつきになる味

材料
- ご飯…茶碗1杯分（150g）
- とろろ…大さじ2
- しょうゆ…小さじ1／2
- みりん…小さじ1／2
- 白ごま…大さじ1／2
- 刻み海苔…適量

作り方
① ご飯としょうゆ、みりん、白ごまを混ぜ合わせておにぎりにする
② とろろをおにぎりにかけて、ごま油を塗ったアルミホイルに乗せてトースターで温める
③ お好みで刻み海苔をかける
※ とろろは焼き時間によって表面が固まってくるのでお好みで調整する

たけのことベーコンのおかかおにぎり

炊き込まなくても贅沢な味

材料
- ご飯…茶碗1杯分（150g）
- たけのこ…15g
- ハーフベーコン…1枚
- かつお節…小袋1パック
- しょうゆ…小さじ1／2

作り方
① たけのことベーコンを炒めてしょうゆとかつお節をかける
② ご飯に①を混ぜ合わせる
③ ご飯と具材すべてを混ぜ合わせておにぎりにする

大根葉っぱと梅のおにぎり

材　料
- ご飯…茶碗１杯分（150g）
- 大根の葉…10g
- 梅干し…１個
- 白ごま…大さじ１／２
- ごま油…適量
- 塩…少々

作り方
① 大根の葉はみじん切りにし、ごま油をひいたフライパンで炒めて塩で味つけする
② 梅干しは種を取り除いてほぐす
③ ご飯とすべての具材を混ぜ合わせておにぎりにする

シンプルな味つけがポイント

ひじきとツナとコーンのおにぎり

作り置きが秒速でなくなる

★3

材料（3人分）
- ご飯…茶碗3杯分（450g）
- 乾燥ひじき…大さじ1（乾燥時）
- コーン…大さじ2
- ツナ…1／2缶
- しょうゆ…大さじ1
- みりん…大さじ1
- 砂糖…小さじ2

作り方
① 乾燥ひじきを水で戻し、ツナの汁気を切っておく
② ご飯以外の具材すべてをフライパンに入れて火にかけ、汁気がなくなるまで炒める
③ ご飯と②を混ぜ合わせておにぎりにする

焼きおにぎりのおろし添え

あっさり味が夜食にも良し

材料
- ご飯…茶碗1杯分（150g）
- しょうゆ…小さじ1
- みりん…小さじ1
- ごま油…小さじ1
- 大根おろし…大さじ1

作り方
① ご飯としょうゆ、みりん、ごま油を混ぜ合わせておにぎりにする
② ①にフライパンで焼き色をつけ、水気を絞った大根おろしを乗せる

★3

小松菜とちりめんと揚げ玉のおにぎり

素朴な味わいに心ほぐれる

材料（4人分）
- ご飯…茶碗4杯分（600g）
- 小松菜…2株
- ちりめんじゃこ…大さじ2
- 揚げ玉（天かす）…大さじ2
- ごま油…適量
- めんつゆ（3倍濃縮）…小さじ1
- 塩…少々

作り方
① みじん切りにした小松菜を、ごま油をひいたフライパンで炒め、めんつゆ、塩で味つけする
② ①にちりめんじゃこと揚げ玉を混ぜる
③ ご飯と②を混ぜ合わせておにぎりにする

甘くてほくほくの満腹メニュー

さつまいもとそぼろのおにぎり

材料
- ご飯…茶碗1杯分(150g)
- さつまいも…小1／2個
- 合いびき肉…20g
- しょうゆ…小さじ1
- みりん…小さじ1
- 酒…小さじ1

作り方
①サイコロ状にカットしたさつまいもと合いびき肉を耐熱容器に入れ、しょうゆ、みりん、酒をふってラップをかけ、500Wの電子レンジで3分加熱する
②ご飯と①を混ぜ合わせておにぎりにする

春菊とツナマヨのおにぎり

材料
- ご飯…茶碗1杯分（150g）
- 春菊…10g
- ツナ…1／2缶
- マヨネーズ…小さじ1／2
- 白ごま…大さじ1／2

作り方
① 春菊は洗って3cm幅に切り、ラップをかけて500Wの電子レンジで1分程加熱する。水にさらしてから水気を切る
② 汁気を切ったツナにマヨネーズを混ぜる
③ ご飯とすべての具材を混ぜ合わせておにぎりにする

ほろにがさでおいしさアップ

しょうがのおかかおにぎり

ピリッとくせになる味わい

材料（3人分）
- ご飯…茶碗3杯分（450g）
- しょうが…1個（50g）
- かつお節…小分けサイズ2パック
- しょうゆ…大さじ1
- 砂糖…大さじ1
- みりん…大さじ1
- 油…適量

作り方
① 千切りにしたしょうがを油をひいたフライパンで炒め、しょうゆ、砂糖、みりんで味つけしたら、かつお節をかける
② ご飯と①を混ぜ合わせておにぎりにする

新玉ねぎとツナのおにぎり

甘みたっぷりコク旨アレンジ

材料
- ご飯…茶碗1杯分（150g）
- 新玉ねぎ…1／8個
- ツナ…1／2缶
- しょうゆ…小さじ1／2
- みりん…小さじ1／2
- 乾燥パセリ…適量

作り方
① みじん切りにした新玉ねぎとツナを炒めて、しょうゆとみりんで味つけする
② ご飯に①を混ぜ合わせる
③ ご飯と具材すべてを混ぜ合わせておにぎりにして、お好みでパセリをかける

★3

ピーマンと鶏そぼろのおにぎり

しょうがが入りで冷え対策にも

材料
- ご飯…茶碗1杯分（150g）
- ピーマン…1／2個
- 鶏ひき肉…20g
- しょうが…5g
- しょうゆ…小さじ1／2
- ごま油…適量

作り方
① ピーマンとしょうがをみじん切りにする
② ごま油で①と鶏ひき肉を炒めてしょうゆで味つけする
③ ご飯と具材すべてを混ぜ合わせておにぎりにする

チキンカレー風おにぎり

ナッツのアクセントが最高！

材料
- ご飯…茶碗1杯分（150g）
- 鶏もも肉…30g
- カシューナッツ…5粒
- カレーパウダー…適量
- 塩こしょう…少々

作り方
① 小さくカットした鶏もも肉を炒めて、火を通す
② カシューナッツを軽く砕く
③ ご飯とすべての具材を混ぜ合わせておにぎりにする

★3

カリカリえのきと大葉のおにぎり

きのこの旨みと食感を満喫

材料
- ご飯…茶碗1杯分（150g）
- えのき…10g
- しょうゆ…小さじ1／2
- 酒…小さじ1／2
- おろししょうが…適量
- 片栗粉…適量
- 油…適量
- 大葉…1枚
- 塩…少々

作り方
① 石づきを落としてほぐしたえのきを、しょうゆ、酒、おろししょうがで味つけし、片栗粉をまぶす
② 油をひいたフライパンでえのきを揚げ焼きする
③ 塩むすびを作って、大葉とえのきを乗せてできあがり

菜の花と鮭とチーズのおにぎり

春の苦味にうれしくなる

材料
- ご飯…茶碗1杯分（150g）
- 菜の花…10g
- 鮭フレーク…大さじ1
- プロセスチーズ…1個
- 塩…少々

作り方
① 菜の花は茹でて水気を切り、3cm幅にカットする。プロセスチーズは1cm角にカットする
② ご飯とすべての具材を混ぜ合わせておにぎりにする

カラダが喜ぶ組み合わせ ★3

しょうがと鶏そぼろのおにぎり

材料
- ご飯…茶碗1杯分（150g）
- 鶏ひき肉…20g
- しょうが…1かけ
- しょうゆ…小さじ1／2
- みりん…小さじ1／2
- 酒…小さじ1／2

作り方
① しょうがは千切りにする
② ご飯以外の材料を耐熱容器に入れ、ラップをかけて500Wの電子レンジで1分半加熱する
③ ご飯とすべての具材を混ぜ合わせておにぎりにする

れんこんきんぴらとチーズのおにぎり

残りおかずが絶品おにぎりに

材料
- ご飯…茶碗1杯分（150g）
- れんこん…10g
- にんじん…10g
- プロセスチーズ…1個
- 白ごま…大さじ1／2
- しょうゆ…適量
- みりん…適量

作り方
① 輪切りにしたれんこんとイチョウ切りにしたにんじんを炒め、しょうゆ、みりんで味付する
② チーズは1cm角にカットする
③ ご飯とすべての具材を混ぜ合わせておにぎりにする

しょうが焼きおにぎり

これ1個でおかずもペロリ

材料
- ご飯…茶碗1杯分（150g）
- 豚こま切れ肉…20g
- 玉ねぎ…1／8個
- めんつゆ（3倍濃縮）…小さじ1
- おろししょうが…適量

作り方
① 豚こま切れ肉と玉ねぎを炒めて、めんつゆとおろししょうがで味つけする
② ご飯と①を混ぜ合わせておにぎりにする

さくいん

【野菜・果物】

・アスパラガス
★2 アスパラとツナマヨのおにぎり…59

・冷凍枝豆
★1 枝豆とろろこんぶのおにぎり…14
★1 カリカリ梅と枝豆のおにぎり…20
★1 枝豆とカニカマのおにぎり…22
★1 枝豆としらすとさけるチーズのおにぎり…37
★1 鮭フレークとクリチの枝豆おにぎり…39

・大葉
★1 生ハムと枝豆のおにぎり…41
★2 生ハムとクリチのたぬきおにぎり…47
★2 ちりめんと大葉とコーンのおにぎり…64
★2 生ハムとクリチと大葉のおにぎり…60
★2 コンビーフマヨと大葉のおにぎり…64
★2 鮭こんぶとクルミと大葉おにぎり…47
★1 まるごと大葉のたぬきおにぎり…18
★2 ちりめんと大葉とチーズのおにぎり…77
★2 たくあんのからしマヨと大葉のおにぎり…85
★2 ちりめんと大葉のおにぎり…87
★2 しょうがの酢漬けと大葉のおにぎり…87
★2 ナスと大葉のおにぎり…68
★2 大葉のしょうゆ漬けおにぎり…91
★2 紅しょうがと大葉のたぬきおにぎり…93
★2 たくあんとちりめんと大葉のおにぎり…98
★2 チュモッパ風アレンジおにぎり…104

・冷凍オクラ（スライス）
★3 カリカリえのきと大葉のおにぎり…117
★1 オクラとゆかりのおにぎり…27
★1 しらすとオクラのおかかおにぎり…31
★1 鶏そぼろと梅とオクラのおにぎり…32

・カイワレ大根
★2 梅とオクラとカイワレと天かすのおにぎり…69

・カブの葉っぱ
★2 鮭とカイワレと梅のおにぎり…78
★2 カブの葉っぱとしらすの梅おにぎり…73

・キャベツ
★3 豚肉とキャベツのゆかりおにぎり…107

・キュウリ
★3 ちくわとキュウリのゆかりおにぎり…89
★2 サバマヨとキュウリのおにぎり…95

・冷凍コーン
★1 コーンのお茶づけおにぎり…12
★1 カニカマとコーンのたぬきおにぎり…25
★2 ちりめんと大葉とコーンのおにぎり…67
★2 カニカマとコーンのマヨ焼きおにぎり…88
★2 肉味噌とコーンのおにぎり…102
★2 油揚げとコーンとミョウガのおにぎり…106
★2 ひじきとツナとコーンのおにぎり…110

・小松菜
★2 小松菜とちくわとチーズのおにぎり…70
★2 韓国海苔と小松菜のおにぎり…100
★2 小松菜とちりめんと揚げ玉のおにぎり…111

・さつまいも
★2 さつまいもとクリームチーズのおにぎり…84
★2 さつまいもそぼろのおにぎり…112
★2 じゃがいもベーコンおにぎり…58

・じゃがいも
・春菊
★3 春菊とツナマヨのおにぎり…113

・しょうが／おろししょうが
★3 しょうがのおかかおにぎり…113
★3 ピーマンと鶏そぼろと大葉のおにぎり…115
★3 カリカリえのきと鶏そぼろのおにぎり…117
★3 しょうがと鶏そぼろのおにぎり…118
★3 しょうが焼きおにぎり…119

・新玉ねぎ
★3 新玉ねぎと干しエビのおにぎり…62
★3 新玉ねぎとツナのおにぎり…114

- ★3 大根（おろし）
  焼きおにぎりのおろし添え…111
- ★3 大根の葉
  大根葉っぱとしば漬けのおにぎり…13
  大根葉っぱと梅のおにぎり…109
- ★3 たけのこ
  たけのことベーコンのおかかおにぎり…63
- ★3 玉ねぎ
  しょうが焼きおにぎり…108
- ★3 チンゲン菜
  ベーコンとチンゲン菜のおにぎり…119
- ★3 ナス
  ナスと大葉のおにぎり…71
- ★2 菜の花
  菜の花と鮭とチーズのおにぎり…68
- ★2 にんじん
  ひろしとにんじんのおにぎり…117
  にんじんと鮭フレークのおにぎり…54
  れんこんきんぴらとチーズのおにぎり…99
- ★2 刻みネギ
  まいたけバターしょうゆおにぎり…119
  とろろこんぶとネギ卵のおにぎり…72
  うどん風おにぎり…73
  イカ天と紅しょうがのおにぎり…74
- ★2 白菜
  白菜とツナのこんぶおにぎり…79
- ★2 ピーマン
  ピーマンとウインナーのおにぎり…76

- ★1 ブロッコリー
  鮭フレークとブロッコリーとチーズのおにぎり…49
- ★2 ほうれん草
  ほうれん草とこんぶのおかかおにぎり…51
  ほうれん草のたぬきおにぎり…61
- ★2 水菜
  水菜とクリームチーズのおにぎり…46
  水菜とそぼろのおにぎり…78
- ★2 ミニトマト
  ミニトマトと卵のおにぎり…81
- ★2 ミョウガ
  ミョウガとハムのおにぎり…93
  油揚げとコーンとミョウガのおにぎり…75
- ★3 山芋
  山芋ととろろの焼きおにぎり…103
- ★2 レタス
  塩こんぶと卵とレタスのおにぎり…106
  レタスとチーズとウインナーのおにぎり…108
  レタスとちりめんじゃこのおにぎり…53
  …101
  …66

【肉類】

- ★3 れんこん
  れんこんきんぴらとチーズのおにぎり…115
  …119
- ★3 合いびき肉
  さつまいもとそぼろのおにぎり…112
- ★2 ウインナー
  ピーマンとウインナーのおにぎり…49
  レタスとチーズとウインナーのおにぎり…66
- ★2 コンビーフ
  コンビーフマヨと大葉のおにぎり…60
- ★2 サラダチキン
  サラダチキンとアーモンドの梅おにぎり…83
- ★3 鶏ひき肉
  鶏そぼろと梅と卵のおにぎり…78
  水菜とそぼろのおにぎり…93
  鶏そぼろと梅とオクラのおにぎり…65
- ★3 鶏もも肉
  しょうがと鶏そぼろのおにぎり…115
  ピーマンと鶏そぼろのおにぎり…118
- ★3 鶏もも肉
  チキンカレー風おにぎり…116
- ★3 生ハム
  生ハムと炒り卵のおにぎり…48
  生ハムとクリチと大葉のおにぎり…64
  生ハムと枝豆のおにぎり…82
- ★3 ハム
  ミョウガとハムのおにぎり…75

- ハーフベーコン
  - ★2 ベーコンとチンゲン菜のおにぎり…71
  - ★2 ベーコンとゆで卵のおにぎり…81
  - ★2 えのきとベーコンのおにぎり…89
  - ★2 ベーコンのおかかおにぎり…94
  - ★2 ベーコンと卵とかつお節のおにぎり
  - …101
  - ★3 たけのことベーコンのおかかおにぎり
  - …108

- ブロックベーコン
  - ★2 ベーコンとしめじのおにぎり…57
  - ★2 じゃがいもベーコンおにぎり…58

- 豚こま切れ肉
  - ★3 豚肉とキャベツのおにぎり…107

- 豚ひき肉
  - ★1 しょうが焼きおにぎり…119

- ミートボール
  - ★2 豚ミンチと紅しょうがのおにぎり…53
  - ★1 肉味噌とコーンのおにぎり…102

- 焼き鳥の缶詰め（タレ）
  - ★1 ミートボールとチーズのおにぎり…39

- 【魚介類・魚肉加工品】

- 青海苔
  - ★2 焼き鳥缶と炒り卵のおにぎり…86

- かつお節
  - ★1 青海苔とクリームチーズのおにぎり
  - …16
  - ★2 ちくわの磯部揚げ風おにぎり…86
  - ★1 クルミおかかおにぎり…24

- 刻み海苔
  - ★1 梅とオクラのおかかおにぎり…32
  - ★2 チーズのおかかおにぎり…44
  - ★2 カマンベールチーズのおかかおにぎり
  - …48
  - ★2 ブロッコリーとこんぶのおかかおにぎり
  - …51
  - ★2 ベーコンのおかかおにぎり…94
  - ★2 ベーコンと卵とかつお節のおにぎり
  - …101
  - ★3 たけのことベーコンのおかかおにぎり
  - …108
  - ★3 しょうがのおかかおにぎり…113

- カニカマ
  - ★1 カニカマとコーンのたぬきおにぎり…22
  - ★1 カニカマとツナマヨのおにぎり…25
  - ★2 カニカマとコーンのマヨ焼きおにぎり
  - …27

- かまぼこ
  - ★2 うどん風おにぎり…74

- 韓国海苔
  - ★1 韓国海苔とちりめんのたぬきおにぎり
  - …23
  - ★1 韓国海苔と梅のたぬきおにぎり…31
  - ★1 韓国海苔のレモンたぬきおにぎり…35
  - ★2 韓国海苔と小松菜のおにぎり…100
  - ★2 チュモッパ風アレンジおにぎり…104

- 乾燥ひじき
  - ★2 サバ缶とひじきのおにぎり…66

- 乾燥わかめ
  - ★2 わかめとたくあんのおにぎり…94
  - ★3 山芋とろろの焼きおにぎり…108
  - ★1 ひじきとツナとコーンのおにぎり
  - …110

- 鮭フレーク
  - ★1 鮭フレークとブロッコリーとチーズのおにぎり
  - …13
  - ★1 バタピーと鮭とクリチのおにぎり…15
  - ★1 カシューナッツと鮭のおにぎり…32
  - ★1 鮭とフライドオニオンと鮭のおにぎり…35
  - ★3 鮭フレークとクリチの枝豆おにぎり
  - …39
  - ★2 鮭フレークのコーンフレークおにぎり
  - …43
  - ★2 にんじんと鮭フレークのおにぎり…99
  - ★3 菜の花と鮭とチーズのおにぎり…117

- サバ味噌煮缶
  - ★2 サバ缶とチーズのおにぎり…26
  - ★1 サバ缶と梅のおにぎり…40
  - ★2 サバ缶とひじきのおにぎり…66

- 塩こんぶ
  - ★1 サバマヨと塩こんぶのおにぎり…19
  - ★1 のりの塩チップスと塩こんぶのおにぎり
  - …21
  - ★1 塩こんぶとクリチのたぬきおにぎり
  - …41
  - ★2 ブロッコリーとこんぶのおかかおにぎり
  - …51

- ★2 塩こんぶと卵とレタスのおにぎり …53
- ★2 塩こんぷとクルミと大葉のおにぎり …56
- ★2 塩こんぶと炒り卵のおにぎり …61
- ★2 白菜とツナのこんぶおにぎり …76

・しらす
- ★1 しらすとオクラのおにぎり …31
- ★1 枝豆としらすとさけるチーズのおにぎり …37
- ★1 バタピーとしらすのおにぎり …42
- ★2 カブの葉っぱとしらすの梅おにぎり …73

・たらこ
- ★2 たらことかぶき揚げのおにぎり …97

・ちくわ
- ★1 ヤンニョムちくわチーズおにぎり …50
- ★2 ちくわとチーズのゆかりおにぎり …52
- ★2 小松菜とちくわチーズのおにぎり …70
- ★2 ちくわの磯部揚げ風おにぎり …86
- ★2 ちくわとキュウリのゆかりおにぎり …89

・ちりめん山椒
- ★2 ちりめん山椒と卵のおにぎり …77

・ちりめんじゃこ
- ★1 韓国海苔とちりめんのたぬきおにぎり …23
- ★2 ちりめんと大葉とコーンのおにぎり …67
- ★2 ちりめんと大葉とチーズのおにぎり …85
- ★2 節分の豆とちりめんじゃこのおにぎり …92
- ★2 ひろうすとじゃこと卵のおにぎり …96
- ★2 たくあんとちりめんと大葉のおにぎり …98
- ★2 レタスとちりめんじゃこのおにぎり …101
- ★3 小松菜とちりめんと揚げ玉のおにぎり …111

・ツナ
- ★1 カニカマとツナマヨのおにぎり …27
- ★1 ツナと卵のおにぎり …47
- ★1 アスパラとツナマヨのおにぎり …59
- ★2 白菜とツナのこんぶおにぎり …76
- ★3 いぶりがっこのツナマヨおにぎり …97
- ★3 ひじきとツナとコーンのおにぎり …110
- ★3 春菊とツナマヨのおにぎり …113
- ★3 新玉ねぎとツナのおにぎり …114

・とろろこんぶ
- ★1 しば漬けととろろこんぶのおにぎり …34
- ★2 枝豆ととろろこんぶのおにぎり …14

・海苔の佃煮
- ★2 海苔の佃煮とバターのおにぎり …33
- ★2 とろろこんぶとネギ卵のおにぎり …73

・ブリの照り焼き
- ★1 ブリ照りとチーズのおにぎり …36

・干しエビ
- ★1 干しエビとクリチのたぬきおにぎり …38
- ★2 新玉ねぎと干しエビのおにぎり …62

・明太子
- ★1 明太子と炒り卵のおにぎり …85

・焼き鮭
- ★1 さけるチーズと鮭のおにぎり …20
- ★2 鮭マヨと大葉のおにぎり …47
- ★2 ブロッコリーと鮭のたぬきおにぎり …61
- ★2 鮭とカイワレと天かすのおにぎり …69

・焼きサバ
- ★1 サバマヨと塩こんぶのおにぎり …19
- ★2 サバマヨとキュウリのおにぎり …95

【卵】
- ★2 ツナと卵のおにぎり …47
- ★2 生ハムと炒り卵のおにぎり …48
- ★2 塩こんぶと卵とレタスのおにぎり …53
- ★2 塩こんぶと卵のおにぎり …57
- ★2 梅マヨ卵おにぎり …61
- ★2 塩こんぷとお茶づけおにぎり …62
- ★2 炒り卵のおにぎり …73
- ★2 とろろこんぶとネギ卵のおにぎり …77
- ★2 ちりめん山椒と卵のおにぎり …80
- ★2 柿の種と炒り卵のおにぎり …85
- ★2 明太子と炒り卵のおにぎり …86
- ★2 焼き鳥缶と炒り卵のおにぎり …90
- ★2 なめ茸と炒り卵のおにぎり

123

- ★2 ひろしとじゃこと卵のおにぎり…96
- ★2 ベーコンと卵とかつお節のおにぎり…101
- **・ゆで卵**
- ★2 ミニトマトと卵のおにぎり…103
- ★2 ほうれん草とゆで卵のおにぎり…46
- ★2 ベーコンとゆで卵のおにぎり…81
- ★2 サラダチキンとゆで卵のおにぎり…83

【きのこ】

- **・えのき**
- ★3 えのきとベーコンのおにぎり…89
- ★2 カリカリえのきと大葉のおにぎり…117
- **・しいたけ**
- ★2 しいたけと梅のおにぎり…90
- **・しめじ**
- ★2 ベーコンとしめじのおにぎり…57
- **・なめ茸**
- ★2 なめ茸と炒り卵のおにぎり…90
- **・まいたけ**
- ★2 まいたけバターしょうゆおにぎり…72

【豆類（大豆製品）・ナッツ類】

- **・油揚げ**
- ★3 油揚げとコーンとミョウガのおにぎり…106
- **・アーモンド（無塩）**
- ★1 アーモンドとチーズのおにぎり…44

- ★2 サラダチキンとアーモンドの梅おにぎり…65
- **・カシューナッツ**
- ★1 カシューナッツと鮭のおにぎり…32
- ★3 チキンカレー風おにぎり…116
- **・クルミ（無塩）**
- ★1 ゆかりとクルミのおにぎり…12
- ★2 たくあんとクルミのおにぎり…17
- ★2 クルミおかかのおにぎり…24
- ★2 塩こんぶとクルミと大葉のおにぎり
- **・バターピーナッツ**
- ★1 バタピーと鮭のおにぎり…15
- ★1 バタピーとしらすのおにぎり…42
- **・ピスタチオ**
- ★1 梅とピスタチオのおにぎり…19
- **・福豆**
- ★3 節分の豆とちりめんじゃこのおにぎり
- **・木綿豆腐**
- ★2 豆腐とチーズの焼きおにぎり…107

【チーズ】

- **・カマンベールチーズ**
- ★1 カマンベールチーズのおかかおにぎり…48
- **・クリームチーズ**
- ★1 バタピーと鮭とクリチのおにぎり…15

- ★1 青海苔とクリチとクリームチーズのおにぎり…16
- ★1 天かすとクリチのゆかりのおにぎり…25
- ★1 クリームチーズとお吸いもののおにぎり…29
- ★1 干しエビとクリチのたぬきおにぎり…38
- ★1 鮭フレークとクリチの枝豆おにぎり…39
- ★1 塩こんぶとクリチのたぬきおにぎり…41
- ★1 枝豆とクリチのコーンフレークおにぎり…41
- ★1 鮭とクリチのたぬきおにぎり…43
- ★2 生ハムとクリチと大葉のおにぎり…64
- ★2 水菜とクリームチーズのおにぎり…81
- ★2 さつまいもとクリームチーズのおにぎり…104
- **・粉チーズ**
- ★2 チュモッパ風アレンジおにぎり…84
- **・シュレッドチーズ**
- ★2 レタスとちりめんじゃこのおにぎり…101
- **・プロセスチーズ**
- ★1 鮭フレークとブロッコリーとチーズのおにぎり…13
- ★1 チキンラーメンとチーズのおにぎり…23
- ★1 サバ缶とチーズのおにぎり…26

- ★1 ブリ照りとチーズのおにぎり…36
- ★1 ミートボールとチーズのおにぎり…39
- ★1 チーズのおかかおにぎり…44
- ★1 アーモンドとチーズのおにぎり…44
- ★1 ヤンニョムちくわチーズおにぎり…50
- ★1 ちくわとチーズのゆかりおにぎり…52
- ★2 レタスとチーズとウインナーのおにぎり…55
- ★2 小松菜とちくわチーズのおにぎり…66
- ★2 韓国海苔とちくわチーズのおにぎり…70
- ★1 紅しょうがとチーズのたぬきおにぎり…82
- ★2 ちりめんと大葉とチーズのおにぎり…85
- ★3 菜の花と鮭とチーズのおにぎり…117
- ★3 れんこんきんぴらとチーズのおにぎり…119

【雪印メグミルク「雪印北海道100 さけるチーズ」】
- ★1 さけるチーズと鮭のおにぎり…20
- ★1 さけるチーズと梅のおにぎり…29
- ★1 枝豆としらすとさけるチーズのおにぎり…37
- ★1 紅しょうがとさけるチーズ…43

【漬け物】
- ★2 いぶりがっこ
- ★2 いぶりがっこのツナマヨおにぎり…97

- ★2 岩下食品「岩下の新生姜®スライスnext」
- ★2 しょうがの酢漬けと大葉のおにぎり…87
- ★1 こんぶ茶と梅のおにぎり…15
- ★1 からあげと梅のおにぎり…17
- ★1 梅とピスタチオのおにぎり…19
- ★1 さけるチーズと梅のおにぎり…29
- ★1 韓国海苔と梅のたぬきおにぎり…31
- ★1 梅とオクラのおにぎり…32
- ★1 梅とベビースターのおにぎり…36
- ★1 サバ缶と梅のおにぎり…40
- ★1 梅マヨ卵おにぎり…57
- ★2 サラダチキンとアーモンドの梅おにぎり
… 65
- ★2 カブの葉っぱとしらすの梅おにぎり
… 73
- ★2 鶏そぼろと梅とオクラのおにぎり…78
- ★2 しいたけと梅のおにぎり…90
- ★3 大根葉っぱと梅のおにぎり…109

【しば漬け】
- ★1 しば漬けとわかめのおにぎり…28
- ★2 しば漬けととろろこんぶのおにぎり
… 34
- ★2 たくあんとクルミのおにぎり…63
- ★2 たくあん葉っぱとしば漬けのおにぎり
… 70
- ★2 たくあんとポテトチップスのおにぎり
… 77

【乾物・乾燥食品】
- ★2 わかめとたくあんのおにぎり…94
- ★2 たくあんとちりめんと大葉のおにぎり
… 98
- ★2 チュモッパ風アレンジおにぎり…104

【福神漬け】
- ★2 からあげと福神漬けのおにぎり…55

【紅しょうが】
- ★2 紅しょうがとさけるチーズのおにぎり
… 43
- ★2 豚ミンチと紅しょうがのおにぎり…53
- ★2 紅しょうがと紅しょうがのおにぎり…79
- ★2 イカ天と紅しょうがのおにぎり…82
- ★2 紅しょうがと大葉のたぬきおにぎり
… 93

【天かす】
- ★1 まるごと大葉のたぬきおにぎり…18
- ★1 天かすとクリチのゆかりおにぎり…23
- ★1 カニカマとコーンのたぬきおにぎり
… 25
- ★1 韓国海苔とちりめんのたぬきおにぎり
… 25
- ★1 韓国海苔と梅のたぬきおにぎり…31
- ★1 韓国海苔のレモンたぬきおにぎり…35
- ★1 干しエビとクリチのたぬきおにぎり
… 38
- ★1 塩こんぶとクリチのたぬきおにぎり
… 41

125

- ★ 1 枝豆とクリチのたぬきおにぎり…41
- ★ 2 ブロッコリーと鮭のたぬきおにぎり…61
- ★ 2 鮭とカイワレと天かすのおにぎり…69
- ★ 2 うどん風おにぎり…74
- ★ 2 ほうれん草のたぬきおにぎり…78
- ✦ 2 紅しょうがとチーズのたぬきおにぎり…82
- ✦ 2 ちくわの磯部揚げ風おにぎり…86
- ✦ 2 紅しょうがと大葉のたぬきおにぎり…93
- ✦ 3 小松菜とちりめんと揚げ玉のおにぎり

【ふりかけ・混ぜご飯・お茶づけ】

- ★ 1 フライドオニオン
  - 鮭とフライドオニオンのおにぎり…111
- ・こんぶ茶
  - ★ 1 こんぶ茶と梅のおにぎり…15
- ・永谷園「お茶づけ海苔」
  - ★ 1 コーンのお茶づけおにぎり…12
  - ✦ 2 炒り卵のお茶づけおにぎり…62
- ・永谷園「松茸の味お吸いもの」
  - ✦ クリームチーズとお吸いもののおにぎり
- ・三島の「うめこ」
  - ★ カリカリ梅と枝豆のおにぎり…20 …29
- ★ 三島食品「炊き込みわかめ」
  - しば漬けとわかめのおにぎり…28

【残りものおかず】

- ・からあげ
  - ★ 1 からあげと梅のおにぎり…17
  - ✦ 2 からあげと福神漬けのおにぎり…55
  - ✦ 3 れんこんきんぴら
    - れんこんとにんじんのきんぴら
    - れんこんきんぴらとチーズのおにぎり…119

【おつまみ・お菓子】

- ・イカ天
  - ✦ 2 イカ天と紅しょうがのおにぎり…79
- ・おやつカンパニー「ベビースターラーメン(チキン味)ミニ」
  - ★ 1 梅とベビースターのおにぎり…36
- ・柿の種(ピーナッツ入り)
  - ★ 柿の種と炒り卵のおにぎり…80
- ・かぶき揚げ
  - たらことかぶき揚げのおにぎり…97

- ★ 三島食品「ひろし」
  - ★ 1 ひろしとにんじんのおにぎり…54
  - ✦ 2 からあげと福神漬けのおにぎり…55
  - ✦ 2 ひろしとじゃこと卵のおにぎり…96
- ★ 三島食品「ゆかり」
  - ★ 1 ゆかりとクルミのおにぎり…12
  - ✦ 2 天かすとゆかりのおにぎり…25
  - ✦ 1 オクラとゆかりのおにぎり…27
  - ✦ 2 ちくわとチーズのゆかりおにぎり…52
  - ✦ 2 ちくわとキュウリのゆかりおにぎり…89

【その他】

- ★ 玄米フレーク
  - 鮭とクリチのコーンフレークおにぎり…43
- ★ 日清食品「チキンラーメン」
  - チキンラーメンとチーズのおにぎり…23
- ★ メンマ
  - 1 メンマとコーンのおにぎり…30

- ・ポテトチップス(のり塩)
  - ★ 1 のり塩チップスと塩こんぶのおにぎり…21
- ・ポテトチップス(うすしお)
  - ✦ 2 たくあんとポテトチップスのおにぎり…70

おわりに

「うまくおにぎりを握るにはどうしたらよいですか？」と、聞いていただくことがあります。
普段意識しているポイントはお伝えしつつも、「そのままがステキです」というのがわたしの本音。
おにぎりは、握る人の個性が出るところが魅力だと思うからです。

そこに「上手／下手」や「正解／不正解」はありません。
等身大のおにぎりこそ、何よりのごちそう。

とはいえ、具材のレパートリーに悩んだり、おにぎり作りがちょっと苦痛になりそうなときは、この本を開いて等身大のおにぎり作りのヒントを探してみてください。

おにぎりを食べる人だけでなく、握る人もうれしい気持ちになる。
そのお手伝いができたとしたらこれ以上の幸せはありません。

最後に、どんなときも柔軟かつ的確にサポートしてくださった編集者の黒沢美月さまをはじめ、自由国民社の皆さま、全国の書店さま、この本を世に送り出すためにご尽力くださったすべての皆さま、そしてお手にしてくださったあなたに、心から感謝いたします。

日々おにぎり／ゆこ

日々おにぎり／ゆこ

2020年5月より、自身のお昼ごはん用に作ったおにぎりの写真をInstagramに投稿しはじめる。現在は、おにぎりに関するコラムやレシピ記事などの執筆活動も。考案のレシピはどれも家にある材料でカンタンに作れるものばかり。料理が苦手でも、時間がなくても作れる、愛情たっぷりなおにぎりメニューにこだわっている。著書に『毎日おにぎり365日』(自由国民社)、共著に『ラクうまで続けたくなる! オートミール朝ごはんレシピ』(SDP)がある。

Instagram：@hibi_onigiri
X(旧 Twitter)：@hibi_onigiri
note：https://note.com/hibi_onigiri/

なんでもない日のおいしいおにぎり

2024年10月8日　初版第1刷発行
2024年10月11日　初版第2刷発行

著者　　日々おにぎり／ゆこ

発行者　石井 悟
発行所　株式会社自由国民社
　　　　〒171-0033 東京都豊島区高田3丁目10番11号
　　　　電話 03-6233-0781（代表）
　　　　https://www.jiyu.co.jp/
印刷所　株式会社シナノ
製本所　新風製本株式会社
©2024 Printed in Japan ISBN 978-4-426-13038-1

STAFF
　装丁　　　　　　　田村梓（ten-bin）
　本文デザイン＆DTP　株式会社シーエーシー
　編集　　　　　　　黒沢 美月

乱丁・落丁本はお取替えいたします。本書の全部または一部の無断複製（コピー、スキャン、デジタル化等）・転訳載・引用を、著作権法上での例外を除き、禁じます。ウェブページ、ブログ等の電子メディアにおける無断転載等も同様です。これらの許諾については事前に小社までお問合せください。また、本書を代行業者等の第三者に依頼してスキャンやデジタル化することは、たとえ個人や家庭内での利用であっても一切認められませんのでご注意ください。